¡Dejar el porno fácilmente! El método Easy Peasy

¡Dejar el porno fácilmente! El método Easy Peasy

Deja el porno de manera fácil, indolora, sin usar el método de fuerza de voluntad y sin sentirte privado.

Hackauthor

¡Dejar el porno fácilmente! El método Easy Peasy
Autor : Hackauthor (Hackauthor[2])
Versión: 2023-05-16

¡Dejar el porno fácilmente! El método Easy Peasy
ISBN Libro en papel: 978-84-1092-090-3
Impreso en España

Traducción: NegroBienDespierto
Nota del traductor: Algunas expresiones pueden parecer algo inusuales para el lector español, pero hemos mantenido el estilo directo e informal de Allen Carr para transmitir fielmente sus ideas, ya que su lenguaje ha demostrado ser efectivo.

Editorial: BoD · Books on Demand, Calle de Manzanares, 4, 28005 Madrid, bod@bod.com.es
Impresión: Libri Plureos GmbH, Friedensallee 273, 22763 Hamburg (Alemania)

Tabla de contenidos

1 Introducción 8

Acerca del libro..9

1.1 Advertencia 12

Finalmente.. 17

1.2 Tips para tu lectura y algunas notas finales....................... 18

2 El método fácil 20

3 ¿Por qué es difícil parar? 23

3.1 La siniestra trampa 27

4 La naturaleza del porno 30

4.1 El pequeño monstruo 33

4.2 La molesta alarma.. 34

4.3 ¿Un placer o un apoyo?... 36

4.4 Cruzando la línea roja 38

4.5 Bailar alrededor de la línea roja................................... 40

4.6 La analogía del fumador.. 41

5 Lavado de cerebro... 43

5.1 Razonamiento científico.. 44

5.2 Problemas al usar la fuerza de voluntad 45

5.3 Pasividad 47

5.4 Los dolores de abstinencia.. 49

6 Aspectos del lavado de cerebro 51

6.1 Estrés.. 51

6.2 Aburrimiento 53

6.3 Concentración.. 54

6.4 Relajación 56

6.5 Energía 58

6.6 Las sesiones sociales nocturnas 60

7 ¿A qué estoy renunciando? 63

7.1 No hay nada a lo que renunciar 64

7.2 Oh, el vacío, el vacío, ¡el hermoso vacío! 65

8 Ahorrando tu tiempo 67

9 Salud 71

9.1 Siniestras sombras negras 78

10 Ventajas de ser un usuario de pornografía 79

11 El método de la fuerza de voluntad 80

12 ¡Cuidado con reducir tu consumo! 90

13 Es solo una "miradita"... 96

14 Los usuarios casuales 99

15 El usuario de YouTube / Twitch / Instagram 111

16 ¿Un hábito social? 115

17 Escoger el momento adecuado 118

18 ¿Me perderé de la diversión? 124

19 ¿Puedo compartimentar mi sexualidad? 127

20 ¡Evita los falsos incentivos! 130

21 La manera fácil de parar 134

22 El período de abstinencia 141

23 ¿Solo UNA pequeña miradita? 148

24 ¿Será más difícil para mí? 150

24.1 Razones principales por las que puedes fracasar 151

25 Sustitutos 154

26 ¿Debería evitar cualquier situación de tentación?....................158

27 El momento de la revelación...161

28 La última visita..164

28.1 Una última advertencia...168

29 Retroalimentación..170

29.1 Lista de verificación..175

30 Ayuda a aquellos que se están hundiendo...............................178

31 Consejos para los no-usuarios...182

31.1 Ayuda a que tus compañeros usuarios lean este libro............182

31.2 ¿Debería contárselo a mi pareja?................................183

31.3 Mi pareja está dejando la pornografía...........................184

31.4 Resbalones (recaída)..186

31.5 ¿Y qué hay con el ciclo de MO (masturbación y orgasmo)?....191

31.6 Desviaciones del aconseja miento estándar.......................192

31.7 Ayuda a poner fin a este escándalo..............................193

31.8 Última advertencia...196

32 Las instrucciones..198

32.1 Afirmaciones...199

33 El final de este libro..200

Recursos..204

Afirmaciones para lidiar con tu adicción, basadas en el modelo de la TREC (Terapia Racional Emotiva Conductual)................................204

Combinando el método 'EasyPeasy' con la Técnica de Reconocimiento de la Voz Adictiva de Jack Trimpey (TRVA)..................................206

Organizar reuniones de apoyo..213

1 Introducción

Este libro gratis y de código abierto te permitirá dejar de usar pornografía **inmediatamente, sin dolor y permanentemente**, sin usar fuerza de voluntad y sin aplicar ningún sentido de privación o sacrificio. No te pondrá a juicio, no te hará sentir vergüenza ni te pondrá presión para someterte a ninguna medida dolorosa.

De hecho, no hay ninguna necesidad de reducir o suspender tu consumo de pornografía mientras se lee. Hacerlo es en realidad perjudicial.

Quizá estés preocupado por el hecho de solo pensarlo, o preocupado por pensar en los millones de personas que están tratando de dejar el porno. Si es así, entonces quizá sea porque todo lo has leído acerca de la pornografía vaya en contra de todo lo que se te ha dicho sobre ella, pero, antes que nada, pregúntate: ¿todo lo que te han dicho ha funcionado? Porque, de haber sido así, no estarías leyendo este libro.

Considera si las siguientes preguntas se aplican en tu caso:

- ¿Pasas mucho más tiempo viendo pornografía del que tenías planeado inicialmente?

- ¿Siempre fallas en tus intentos por detener o limitar tu consumo de pornografía?

- ¿El tiempo que pasas viendo pornografía ha interferido o tomado prioridad sobre tu vida personal o profesional? ¿Sobre tus compromisos, pasatiempos o sobre las relaciones en tu vida?

- ¿Haces todo lo posible para mantener tu consumo de pornografía en secreto? (Ejem: Eliminar el historial, entrar en modo incógnito, mentir acerca de tu consumo, etc.)

- ¿Ver pornografía ha causado problemas significativos en tus relaciones íntimas?

- ¿Experimentas un ciclo de excitación y disfrute antes y durante tu consumo de pornografía, seguidos de un sentimiento de vergüenza, culpa y remordimiento?

- ¿Pasas una cantidad significativa de tiempo pensando en pornografía, incluso cuando no la estás consumiendo?

- ¿Ver pornografía ha causado otras consecuencias negativas en tu vida personal y profesional? (Ejem: Llegar tarde al trabajo, tener un desempeño deficiente, tener relaciones desatendidas, problemas financieros, etc.)

Si eres un usuario de pornografía que depende de ella para masturbarse o tener sexo, lo único que tienes que hacer es **seguir leyendo**. Si estás aquí por un ser amado, lo único que tienes que hacer es persuadirlo para que lea este libro. Pero de no poder persuadirlo, lee el libro tú mismo. Entender el método te ayuda a poder llevar el mensaje a otros, evitando que incluso tus hijos empiecen. No te dejes engañar por el hecho de que no tienen acceso al porno ahora — **todos lo hacemos antes de engancharnos**.

Acerca del libro

Este libro es una versión reescrita de una adaptación reescrita del libro *"Es fácil dejar de fumar si sabes cómo"* de *Allen Carr* para dejar de usar pornografía. El éxito de este método se basa en el fundamento de que: ¡NO TE SALTES NINGÚN CAPÍTULO!

Cuando estás abriendo un candado, tienes que poner los números en el orden correcto. La adicción no es nada diferente.

Personalmente, la versión original de *Google Sites* (la que no fue escrita por mí) cambió mi vida. Si eres como la mayoría de la gente, descubriste la pornografía a una edad temprana y la seguiste usando desde entonces. Eso, hasta encontrarte con la abrumadora — y aun así censurada — literatura que advierte los peligros de esta. Así como yo, quizá hayas sobrevivido algunas largas rachas de días sin usarla, solo para terminar sucumbiendo a ilusorios impulsos. Así pues, tengo el gusto de comentarte que este método funciona de manera completamente diferente, y es el único que funciona.

O quizá hayas llegado a este libro por un compañero que está preocupado por ti, y eres escéptico. Antes que nada, gracias por darle un ojo, aunque sea. Desarrollaré el funcionamiento de este método brevemente, pero primero, quiero que recuerdes la primera vez que viste pornografía. ¿Pensaste que regresarías a ese lugar durante el resto de tu vida? Según mis propios estudios informales sobre el tema (o sea, molestando a mis amigos para que lean este libro), EasyPeasy es igual de efectivo para los usuarios casuales como para los más adictos al porno. No es demasiado largo, con grandes posibilidades de grandes ganancias, así que te suplico, sigue leyendo.

El método descrito en este *hackbook* es:

- Instantáneo.

- Igual de efectivo con usuarios casuales y profundamente adictos.

- No causa ningún *dolor de abstinencia*.

- No requiere de fuerza de voluntad.

- No requiere de ningún truco, ayuda o *tratamiento de shock*.

- No te hará reemplazar esta adicción con otra, como fumar, beber alcohol o comer de más.

- Permanente.

Quizá encuentres esto imposible de creer, pero es un sentimiento que hace eco para muchas personas:

- "Este es el trabajo fundamental respecto a la adicción a la pornografía"
  - Un tipo en Reddit que no puedo encontrar, no creo que la broma fuera intencional.

- "Fui adicto a la pornografía por 10 años. Esos 10 años estuve paralizado por la depresión, las dudas y la ansiedad de que mi secreto saliera a la luz. Después de cada sesión, me odiaba a mí mismo, y después de cada dieta pornográfica estaba de vuelta en el tobogán en poco tiempo. Sin embargo, este libro me ayudó a parar. Siempre estuve a la defensiva del porno en el pasado. Ahora, y después de leer este libro por segunda vez, estoy a la ofensiva. El porno no tiene control sobre mí y se siente como una broma de mal gusto ahora"
  - u/DeepNewt

- "Hace unos días, cumplí 20 años. Por primera vez en mucho tiempo, pasé mi cumpleaños libre de la trampa del porno, y es gracias a este libro que me encontré por ahí hace meses. Antes de eso, pasaba mucho tiempo tratando de dejar el porno a través de métodos tradicionales, y experimenté mucha confusión interna y me catalogué por siempre como un adicto. Este libro resolvió todo eso por mí. Donde

anteriormente temía el no tener control sobre mí mismo, incluso cuando, sin saberlo, ya había vencido al pequeño monstruo, ahora puedo sentirme orgulloso al darme cuenta de que no necesito ser un adicto nunca más. En realidad, no tengo ninguna razón para publicar esto. Solo sentía que debía poner esto en algún otro lado que no fuera mi cabeza, porque significa mucho para mí. Si estás leyendo esto y piensas en leer el libro o recomendarlo, créeme que funciona mejor que cualquier otro método allá afuera. El mejor consejo que te puedo dar es que tomes notas; sé que suena gracioso, pero me ayudó a solidificar algunas ideas."
- u/Suspicious_Web_4594

- "basado"
  - anon, /fit/

1.1 Advertencia

Si esperas que este libro *te asuste* hasta parar con los diversos riesgos de salud que los usuarios corren, como lo son la *disfunción eréctil* (incluida la disfunción eréctil inducida por pornografía), la excitación sexual poco confiable, perdida de interés en el sexo real, hipofrontalidad cerebral, y la cegadora acusación de que es un hábito asqueroso y repugnante y que *tú* eres una estúpida y floja medusa con falta de fuerza y una voluntad débil, estarás muy decepcionado. Esas tácticas nunca me ayudaron a dejar el porno, y si te fueran a ayudar a ti, ya lo habrías hecho.

Los métodos convencionales usados para dejar el porno defienden el uso de **la fuerza de voluntad** o métodos de sustitución como las **dietas pornográficas** (*Volveré a ver porno cada X días*) o reducir el consumo a 0 de tajo. Algunos sitios de internet engloban listas de estudios *revisados por pares* acerca de *neurotransmisores y neuro plasticidad*, y a pesar de que son sitios informativos, muchos son conscientes de los riesgos de salud y escogen no hacer nada, a pesar de que este material suele evitarse muy a menudo. Estos métodos, en última instancia, son igualmente ineficaces debido al hecho de que no remueven las razones por las que consumimos porno. Y en última instancia, convertir algo en una especie de *fruta prohibida* no es una forma coherente de combatir una adicción.

Este método, denominado como *EasyPeasy*, trabaja de otra forma. Algunas de las cosas que se dirán aquí quizá sean difíciles de creer, pero para cuando acabes este libro, no solo terminarás creyéndolas, sino que también te preguntarás cómo habrás sido engañado para creer lo contrario.

Existe la idea errónea de que *elegimos ver pornografía*. Los adictos al porno (sí, adictos) no escogen conscientemente ver porno, así como los alcohólicos convertirse en alcohólicos, o los adictos a la heroína volverse adictos. Es cierto que nosotros escogemos encender la laptop o el celular, entrar a nuestro navegador y visitar nuestro *"harem en línea"* de preferencia. Pero trata de verlo así: ocasionalmente, yo escojo ir al cine, pero estoy seguro de que no escogí quedarme dentro del cine toda la vida. Originalmente, la curiosidad y la naturaleza humana me llevaron ahí, pero nunca habría empezado de haber sabido que me convertiría en un adicto, causando el declive de mi salud, felicidad y relaciones. *"¡Oh, de haber sabido acerca de la disfunción eréctil en mi primera visita a esa página porno!"*

Tómate un momento para reflexionar. ¿Alguna vez tomaste la decisión *"positiva"* de que necesitas/tienes que usar porno para masturbarte? ¿O de que debes tener fantasías inducidas por el porno para darle un poco de *picor* al sexo que tendrás con tu pareja? ¿O de que, en ciertos momentos de tu vida, no podías disfrutar de una buena noche de descanso o quizá tener una tarde después de un arduo día de trabajo sin tener que navegar en páginas de porno? ¿O de que no podías concentrarte o manejar el estrés sin porno? ¿En qué momento decidiste que *necesitabas* de la pornografía, de que la *necesitabas* permanentemente en tu vida, sintiéndote inseguro, incluso asustado sin porno, sin tu *online harem* favorito?

Como cualquier otro usuario, has sido atraído a la trampa más sutil y siniestra que el hombre y la naturaleza han podido idear. No ha vivido persona alguna, siendo un usuario o no, que le guste la idea de que sus hijos usen pornografía para poder lidiar con su vida o para sentir placer. Esto significaría que todos los adictos desean nunca haber iniciado. No es sorpresa para nadie; nadie necesita del porno para disfrutar de su vida o lidiar con el estrés.

Y al mismo tiempo, todos los usuarios desean continuar usándolo. Después de todo, nadie nos obliga a iniciar el modo incógnito en nuestros navegadores. Entiendan la razón del porqué lo hacen o no, son los usuarios los que deciden arrastrarse a las puertas de su *"online harem"*.

Si existiera un botón mágico que le diera la oportunidad al usuario de despertar la mañana siguiente como si nunca hubiera tenido esa primera sesión en aquella página de porno, los únicos adictos hoy en día serían chicos jóvenes que aún *"están experimentando"*.

¡La única cosa que nos previene de dejar este vicio es **EL MIEDO**! Miedo causado por la creencia de que tendremos que sobrevivir un período de tiempo indefinido de miseria, privación o ansia insatisfecha para librarnos del porno. Estas creencias son engendradas a su vez por otras creencias más irracionales, aprendidas y/o adquiridas:

- La masturbación o el sexo que termina en orgasmo son las *únicas y más importantes* cosas en la vida.

- El porno es *"más seguro"* que el sexo real porque el porno no puede rechazarme.

- El porno es educativo y útil.

- Es un derecho a una experiencia sexual *"superior"*.

- *Más es mejor.*

Estas creencias irracionales resultan en consecuencias irracionales cuando se ponen en práctica, como lo son:

- Idolatrar u obsesionarse al encontrar a alguien de características *10/10*.

- Percibirse a sí mismo como un perdedor por no tener sexo, como si fuera la cosa más importante en la experiencia humana.

- Esperar a que una persona sea *10/10*.

- Ser excesivamente crítico o juzgar demasiado cuando se trata de parejas sexuales.

- Forzarte a tener sexo, quieras o no.

Es miedo a que una noche a solas será miserable, gastando tus energías luchando contra impulsos incontrolables. Miedo a que una noche antes de tu importantísimo examen va a ser una noche de infierno sin porno. Miedo a que nunca podrás manejar el estrés, concentrarte o tener mucha más confianza en ti mismo sin tu pequeño *"apoyo"*, y que tu personalidad y carácter cambiarán por completo, para siempre.

Pero, sobre todo, miedo a que *"una vez un adicto, siempre un adicto"*: de que nunca podrás ser completamente libre, pasando el resto de tu vida ansiando ese orgasmo ocasional inducido por porno en tiempos difíciles. Si como en mi caso has intentado todas las formas convencionales para abandonarlo, pasando por la miseria y tortura del *"método de la fuerza de voluntad"*, no solo serás afectado por ese miedo, sino también estarás convencido de que nunca podrás abandonar.

Si estás preocupado, asustado, o sientes que no es buen momento para dejarlo, permíteme asegurarte que tus preocupaciones o miedos no son aliviados por el porno — son causados por ello. No decidiste caer en la trampa del porno, pero como todas las trampas, está diseñada para asegurarse de que sigas atrapado. Pregúntate: ¿cuándo viste esas primeras imágenes, esos primeros videos, decidiste que volverías a verlas una y otra vez, por el resto de tu vida? ¿Entonces, cuándo pararás? ¿Mañana? ¿El próximo año? ¡Deja de engañarte! La trampa está diseñada para retenerte el resto de tu vida. ¿Por qué crees que todos los demás adictos no paran antes de que acabe con sus vidas?

Anteriormente mencioné un *"botón mágico"*. *EasyPeasy* funciona justo como ese botón mágico. Déjame aclararlo, *EasyPeasy* no es magia, pero para mí, y algunos que han encontrado que es fácil y divertido dejar el porno, ¡encuentran que sí lo es!

Pero la advertencia es la siguiente: que es una situación de *"el huevo o la gallina"*. Cada adicto quiere abandonarlo, y cada adicto puede hacerlo de forma fácil y divertida. Es el **miedo** el que nos previene de hacerlo. La ganancia más grande e importante de dejar el porno es deshacerse de ese miedo, pero no serás libre de ese miedo hasta acabar este libro. Por el contrario, tu miedo se hará más grande conforme avances la lectura, lo cual quizá te prevenga de terminar el libro. Toma por ejemplo este comentario:

"Acabo de terminar de leer EasyPeasy. Sé que solo han sido 4 días, pero me siento tan bien, sé que no necesitaré de usar pornografía nunca más. Empecé a leer tu libro hace cinco meses, pero tan pronto llegué a la mitad entré en pánico. Sabía que si seguía leyendo tendría que parar. ¿Apoco no fui tonto?"

No decidiste caer en la trampa, pero ten claro que **no podrás escapar de ella a menos que tomes la firme decisión de hacerlo**. Quizá ya estés tirando de la correa para hacerlo, o quizá estés consternado al respecto. Pero, aun así, ten en cuenta que: *¡NO TIENES NADA QUE PERDER!*

Si al final del libro decides continuar usando pornografía para masturbarte o tener sexo, no hay nada que te prevenga de hacerlo. No tienes que restringir o parar el uso del porno mientras lees de todas formas, y recuerda, no hay tratamiento de shock. Al contrario, tengo buenas noticias para ti. ¿Te imaginas cómo se sintió Andy Dufresne cuando finalmente escapó de la prisión de Shawshank? Así es como me sentí cuando escapé de la trampa del porno, y así es como se sienten muchos ex-usuarios que han usado EasyPeasy. ¡Para cuando acabes el libro, así es como te sentirás! ¡Así que ve por ello!

Finalmente...

Todos pueden encontrar divertido y fácil dejar el porno, ¡incluso tú! Todo lo que tienes que hacer es leer el resto del libro con una mente abierta. Entre más entiendas, más fácil será. Incluso si no entiendes nada, siempre que sigas las instrucciones, será *pan comido*. Más importante aún, no irás por la vida deprimido porque no tienes porno o sintiéndote privado del mismo, y para cuando acabes el libro, el único misterio será por qué lo hiciste por tanto tiempo.

Con EasyPeasy, solo hay dos cuestiones por las cuales puedes fallar:

No llevar a cabo las instrucciones que se te dieron. Algunos encuentran molesto que el libro sea tan dogmático con ciertas recomendaciones, como no dejar de usar de porno, o de no usar sustitutos. De hecho, no negaré el hecho de que hubo algunos que han logrado parar usando dichas artimañas, pero lo han logrado *a pesar de*, no gracias a dichas. Algunas personas pueden tener sexo en una hamaca, pero no es lo más fácil que digamos. Los números para abrir el candado de esta trampa están en este libro, pero deben de usarse en el orden correcto: *yendo capítulo por capítulo, sin saltarse ninguno*.

No entender del todo. No des nada por sentado. Cuestiónate no solo lo contenido aquí, sino también tus creencias y todo lo que la sociedad te ha dicho acerca del sexo, el porno y las adicciones. Por ejemplo, aquellos que creen que solo es un hábito, pregúntate por qué otros hábitos — los cuales son disfrutables — son fáciles de romper, mientras que un hábito que se siente horrible y cuesta energía, tiempo y virilidad es tan difícil de romper. Para aquellos que creen que disfrutan del porno, pregúntate por qué otras cosas que son infinitamente más disfrutables que el porno pueden ser tomadas o dejadas. ¿Por qué *necesitas* del porno, además de sentirte asustado si no lo tienes?

EasyPeasy te dará todo el conocimiento necesario acerca de lo fácil y disfrutable que es dejar el porno. Como muchos otros, uno de mis más grandes triunfos en la vida fue escapar de esta trampa. No hay necesidad de sentirse deprimido, al contrario, vas a conseguir aquello que todo usuario en el planeta desea conseguir: **¡LIBERTAD!**

Algunos términos antes de empezar:

PMO: El ciclo de porno, masturbación y orgasmo.

Harem, Harem en línea: Sitios que albergan pornografía a altas velocidades de internet.

MFV: El método de la fuerza de voluntad

1.2 Consejos para tu lectura y algunas notas finales

No leas este libro como si fuera un libro normal. Es muy corto, y deberías poder terminarlo en un par de horas. Algunas personas se benefician *enfatizando o tomando notas*, y recomiendan **darle otra leída para reforzar** algunas enseñanzas por completo.

Hackbook: Un libro basado y hackeado de otro libro. El autor original está totalmente acreditado. ¿Por qué este libro es un hackbook? Porque Allen Carr falleció hace mucho, y las instituciones que formó no enlistan la pornografía como una de las adicciones que disponen de un tratamiento. No gano ni monetariamente ni de ninguna otra forma.

A lo largo de este libro, yo, el Hackauthor original, y Allen Carr haremos apariciones transparentemente, con el fin de proporcionarte un método único y convincente para dejar el porno de forma indolora y fácil.

Hay un buen número de comunidades en línea para este hackbook también, pero te recomiendo visitarlas una vez hayas acabado este libro.

Recordatorio rápido: NO TE SALTES NINGÚN CAPÍTULO.

Te desearía suerte, pero como pronto te darás cuenta, no la necesitas.

2 El método fácil

El objetivo de este libro es darte otra mentalidad. Contrario al método usual, donde solo tienes que detener tu consumo — con el cual, a su vez, empiezas con el sentimiento de estar escalando el Everest, mientras pasas las próximas semanas anhelando y sintiéndote privado — empiezas de inmediato con un sentimiento de entusiasmo, como si te hubieras curado de una terrible enfermedad. A partir de ahí, mientras más avances con tu vida, estarás mirando constantemente a este período de tiempo y te preguntarás cómo pudiste empezar a usar porno en primera instancia. Verás a cualquier otro usuario de porno con pena, lo opuesto a verlos con envidia.

Siempre y cuando no seas alguien que nunca se volvió adicto (alguien que está leyendo este libro para ayudar a un ser querido) o alguien que ya dejó el porno (o que está en los días de ayuno de una dieta pornográfica), es necesario que sigas usando pornografía hasta que hayas acabado el libro entero. Esto parece ser una contradicción, y esta instrucción de seguir masturbándote con porno causa más objeción que ninguna otra, pero ten en cuenta que mientras sigas leyendo, tu deseo de usarlo irá gradualmente reduciendo. **Tómate esta regla en serio. Intentar dejarlo temprano no te va a beneficiar.**

Muchos no terminan el libro porque sienten que tienen que sacrificar algo a cambio, con algunos incluso leyendo deliberadamente una línea por día para posponer el fatídico evento. Pero mejor, velo de este modo: ¿qué tienes que perder? Si no te detienes para el final del libro, no serás peor de lo que eres ahora. Es por definición una *apuesta de Pascal*; una apuesta tomada en un contexto donde no tienes nada que perder, con probabilidad de ganancias más altas.

Aunque eso sí, si no has visto porno por algunos días o meses, pero no estás seguro si eres un usuario, un ex-usuario o un no-usuario, entonces no hagas uso del porno mientras lees. De hecho, ya eres un no-usuario, solo tenemos que hacer que tu cerebro se ponga al corriente con tu cuerpo. Para el final del libro, serás un no-usuario feliz. EasyPeasy es el completo opuesto del método normal, donde uno lista las considerables desventajas del porno y dice: *"si puedo seguir lo suficiente sin usar porno, el deseo eventualmente desaparecerá y podré disfrutar de mi vida de nuevo, libre de la esclavitud"*. Es la forma lógica de hacerlo, con muchos usuarios dejando el porno todos los días usando este método. Sin embargo, es difícil tener éxito con este método debido a las siguientes razones:

Parar el PMO no es el verdadero problema. Cada que terminas una sesión de PMO, ya has dejado el porno. Y puede que tengas un par de poderosas razones en tu primer día de dieta pornográfica de *'cada-cuatro-días'* para decir *"No quiero usar porno, o incluso masturbarme nunca más"*. Todos los usuarios lo hacen, y sus razones son mucho más poderosas de lo que imaginas. El problema viene el 2do, 10mo o 100mo día, cuando en un momento de debilidad tendrás *"solo una miradita"*, querrás otra y de pronto, eres un adicto de nuevo.

Ser consciente de los problemas de salud genera más miedo, haciendo que sea más difícil parar. Dile a un usuario que está destruyendo su virilidad y lo primero que hará será buscar algo que le genere su dopamina, sea un cigarro, alcohol, o entrar a su navegador para ver porno.

Todas las razones para detenerse lo hacen más difícil. Esto se debe a dos razones. Primero, somos continuamente obligados a renunciar a nuestro *'amiguito'* o nuestro apoyo, vicio o placer (como sea que el usuario lo visualice). Segundo, crean un *'punto ciego'*. No nos masturbamos por las razones por las que deberíamos parar. La verdadera pregunta es: ¿por qué queremos o necesitamos masturbarnos?

Con EasyPeasy, (inicialmente) olvidamos las razones por las que nos gustaría parar, enfrentamos el problema del porno y nos preguntamos lo siguiente:

- ¿Qué es lo que el porno está haciendo por mí?

- ¿Realmente lo disfruto?

- ¿En verdad necesito ir por la vida saboteando mi mente y mi cuerpo?

La verdad es que *el porno* no hace absolutamente nada por ti. Dejémoslo en claro, no es que las desventajas de ser un usuario superen las ventajas, es que hay **cero** ventajas en ser un usuario de pornografía.

Muchos usuarios encuentran la necesidad de racionalizar por qué usar porno, pero las razones a las que llegan son puras falacias e ilusiones.

Entonces, primero removemos las falacias e ilusiones. De hecho, pronto te darás cuenta de que no hay nada a lo que renunciar. No solo eso, sino que hay maravillosas y positivas ganancias de dejar de ser un adicto, siendo el bienestar y la felicidad propia dos de esas ganancias. Luego de que la ilusión de que la vida no será tan disfrutable sin usar porno sea removida — dándote cuenta de que la vida es, de hecho, infinitamente más disfrutable sin usarlo — y una vez que los sentimientos de privación o de *'estarse perdiendo de algo'* sean erradicados, volveremos a reconsiderar un mayor bienestar y felicidad — y las mil y una razones más por las que dejar la pornografía. Estas comprensiones se volverán un aditamento positivo para ayudarte a alcanzar lo que realmente deseas: ¡disfrutar de una vida libre de la esclavitud que la adicción al porno te impone!

3 ¿Por qué es difícil parar?

Todos los usuarios sienten que los ha poseído algo malévolo. Los primeros días, es una cuestión de *"pararé algún día, pero no será hoy"*, para eventualmente progresar a creer que aún no tienen suficiente 'fuerza de voluntad' para parar, o que hay algo inherente en el porno que necesitamos para poder disfrutar de la vida. La adicción al porno puede ser comparada con la idea de estar arañando tu camino para salir de un pozo resbaladizo: al llegar a la cima, puedes ver la luz del sol — pero tan pronto llegas, empiezas a bajar mientras tu estado de ánimo baja. Eventualmente vuelves a abrir tu navegador, y mientras te masturbas, te sientes terrible y te preguntas por qué lo volviste a hacer.

Pregúntale a un usuario, *"¿si pudieras volver a un tiempo antes de engancharte con el porno, con el conocimiento que tienes ahora, habrías empezado de nuevo?"*

"¡DE NINGÚN MODO!" sería la respuesta.

Pregúntale al empedernido usuario, aquel que defiende el uso de pornografía y no cree que realmente le cause alguna lesión al cerebro o baja regulación de los receptores de dopamina: *"¿animarías a tu hijo a usar porno?"*

"¡DE NINGÚN MODO!" es la respuesta, de nuevo.

El porno es un enigma extraordinario. Como se mencionó antes, el problema no es explicar por qué es fácil parar, sino explicar por qué es difícil. El verdadero problema es explicar por qué alguien sigue masturbándose *después de* enterarse de los daños neurológicos. Parte de la razón por la que iniciamos es por las decenas de personas que ya están sumergidas, a pesar de que cada una de estas personas desean no haber iniciado en primer lugar, diciéndonos que es como *'vivir la vida en segunda velocidad'*. No podemos creer que en verdad no lo estén disfrutando. Asociamos esto con libertad o estar *'sexualmente educado'* y trabajamos duro en engancharnos nosotros mismos, solo para poder pasar el resto de nuestras vidas diciéndoles a otros que no lo hagan, tratando de dejar el hábito nosotros mismos.

También pasamos una considerable proporción de nuestro tiempo sintiéndonos miserables y desesperanzados. Educarnos con este estímulo supranormal hace que prefiramos y anhelemos esas frías imágenes, ¡incluso cuando hay parejas, vívidas y reales a nuestro alcance! Con el constante aumento y caída de dopamina inducido por el PMO, nos sentenciamos a una vida de irritabilidad, enojo, estrés, fatiga y disfunción sexual. Al usar porno, con la ausencia de las mejores partes referentes al sexo y la conexión de dos personas, terminamos sintiéndonos miserables y culpables.

¡De hecho, leer acerca de las capacidades adictivas y destructivas del porno por aquí y por allá nos hace sentir muchísimo más nerviosos y desesperanzados! ¿Qué clase de hobby es aquel en el cual, mientras lo haces, deseas no estar haciéndolo, y cuando no lo haces, anhelas hacerlo? Los usuarios se desprecian cada vez que leen acerca de la hipofrontalidad y la desensibilización, cada vez que usan porno a las espaldas de sus parejas, cada vez que no tienen el ánimo para hacer ejercicio después de una 'paja matutina'. Un ser humano cualquiera, que por lo demás es inteligente y racional, termina por pasar sus días en desprecio de sí mismo. Pero lo peor de todo, ¿qué es lo que un usuario gana por soportar una vida entera con estas *sombras* detrás de su cabeza? **¡Absolutamente nada!**

Quizá pienses *"eso está muy bien, lo sé, pero en el momento en el que te enganchas con estas cosas es muy difícil detenerte"*. ¿Pero por qué es tan difícil? Algunos dicen que es por los poderosos síntomas de abstinencia, pero como pronto llegarás a descubrir, los síntomas de abstinencia son tan leves que deberías preocuparte por los adictos que vivieron y murieron sin saber que eran drogadictos.

Algunos dicen que, dado que el porno es gratuito, la raza humana debería reclamar esta bonanza biológica, pero es una forma incorrecta de verlo — es adictivo y funciona justo como cualquier otra droga. Pregúntale a un usuario que disfruta de un género como la *'erótica'*, como el de las revistas de Playboy, si alguna vez ha cruzado la línea de 'porno seguro'. Y te aseguro que, de ser completamente honesto, te confesaría de las veces que inconscientemente racionalizó hacerlo, en vez de no usarlo bajo ninguna circunstancia.

El disfrute no tiene nada que ver tampoco: disfruto de comer cangrejo, pero no he llegado a un punto en el que deba de comer cangrejo todos los días. Así como con otras cosas en la vida, las disfrutamos mientras las hacemos, pero no nos la pasamos sintiéndonos privados cuando no las hacemos.

Algunos dicen:

"Es educativo" Muy bien. ¿Y cuándo te gradúas?

"Es satisfacción sexual" ¿Entonces por qué hacerlo solo en vez de buscar una pareja, guardando ese deseo y energía para dicha?

"Es un sentimiento de liberación" ¿Liberación del estrés de la vida real? El porno no removerá la fuente de dicho estrés, pero te aseguro que te dará aún más estrés.

Muchos creen que el porno alivia el aburrimiento, lo cual también es otra falacia. El aburrimiento es un estado de ánimo. El porno te habitúa a la búsqueda de novedad en poco tiempo, ocasionando que te aburras cada vez más hasta el punto de tener que buscar por el video perfecto, causando a su vez que estés más obsesionado con buscar cualquier cosa que te genere novedad, emociones fuertes y eventualmente, un sentimiento de shock muy profundo.

Algunos dicen que lo hacen porque sus amigos y todos los demás hacen. Si es así, ¡reza por que tus amigos no se empiecen a cortar la cabeza para curar un dolor de cabeza! Otros terminan llegando a la conclusión de que es un hábito. Esto no es realmente una explicación, pero habiendo descontado ya todas las usuales, irracionales explicaciones, parece ser que es la única excusa que queda. Desafortunadamente, es igual de irracional. Todos los días estamos cambiando hábitos, algunos de los cuales son muy disfrutables. Pero ya hemos sido engañados para creer que el PMO es un hábito, y que los hábitos son difíciles de romper.

¿En verdad, los hábitos son algo difícil de romper? Los conductores en Estados Unidos tienen el hábito de conducir en el carril derecho de la calle, y, aun así, cuando viajan en carretera, pueden romper ese hábito sin mucho problema. Es claramente una falacia que los hábitos sean difíciles de romper. Creamos y rompemos hábitos todos los días. ¿Así que por qué encontramos difícil romper un hábito que nos hace sentir privados cuando no lo tenemos, culpables cuando lo tenemos, que amaríamos romper de todos modos, y que lo único que tenemos que hacer es *dejar de hacerlo*?

La respuesta es que el porno no es un hábito, **¡es una adicción!** Es por eso que nos parece tan *difícil dejar de hacerlo*. Muchos de los usuarios no entienden el concepto de adicción y creen que obtienen genuino placer o apoyo del porno. Creen que están haciendo un genuino sacrificio si lo dejan.

La hermosa verdad es que, una vez entiendas la naturaleza real de la adicción al porno, y las razones por las que lo usas, dejarás de usarlo, *así no más*. Dentro de tres semanas, ¡el único misterio será por qué encontraste necesario usar pornografía todo el tiempo que la usaste, y por qué no puedes persuadir a otros sobre *lo bien que se siente no ser un adicto*!

3.1 La siniestra trampa

El porno de internet es la trampa más sutil y siniestra que el hombre y la naturaleza han podido idear. Es la única trampa en la naturaleza cuya configuración no requiere mucho esfuerzo. Algunos de nosotros incluso están al tanto de los riesgos, pero no podemos creer que aquellos adictos realmente no lo estén disfrutando. ¿Pero qué es lo que nos atrae en primer lugar? Típicamente, muestras gratis de amateurs o profesionales que comparten su material en redes o en cualquier otro medio. Así es como la trampa se activa. Tu primer 'vistazo', esa foto, ese video, o incluso, ese *'thumbnail'* tiene *"manchas y hoyos"*, siendo que este material tiende a ser de calidad *'amateur'* o está hecho en casa por modelos desconocidas, material que puede llegar a resultarnos novedoso, aunque un poco repugnante. Aunque claro, que en el caso de que tu primer vistazo tuviera bellezas angelicales, modelos demasiado voluptuosas, las alarmas comenzarían a sonar en tu cerebro, cuando ese sentimiento de novedad es activado con mayor impacto.

Sin embargo, y debido a esta discrepancia entre contenido, nuestras jóvenes mentes están ilusoriamente seguras de que nunca podrán engancharse con dicho material, pensando que, debido a que no lo disfrutamos en primera instancia, podremos parar en cualquier momento. No es hasta que, luego de trabajar tanto en engancharse, y como seres humanos inteligentes que somos, entendemos por qué la mitad de la población adulta era sistemáticamente adicta a algo que reducía su potencial para replicar lo que estaban viendo. La curiosidad terminó por llevarnos más cerca de las puertas de la adicción, aun sin que realmente hayamos dado clic en esos *thumbnails*, con miedo a enfermarnos. E incluso en caso de haber dado clic, contraemos una sensación de repugnancia, haciendo que queramos salir de esa página lo más rápido posible.

De ahí en adelante, gastamos el resto de nuestras vidas intentando entender por qué lo seguimos haciendo, diciéndole a nuestros hijos y compañeros que no lo hagan, mientras intentamos escapar nosotros mismos. Pero la trampa está diseñada de tal forma que nosotros solo intentaremos detener nuestro consumo debido a un 'incidente', sea un pésimo desempeño sexual, la pérdida de tu carrera o pareja, la repentina escasez de deseo sexual o simplemente por contraer un sentimiento similar al de un leproso. Pero tan pronto nos detenemos, desarrollamos mucho más estrés debido a los dolores de abstinencia, sin contar con el método que usábamos para poder remover dicho estrés.

Después de unos días de tortura, llegamos a la conclusión de que escogimos el momento equivocado para poder dejarlo, y tomamos la decisión de esperar por períodos en donde no nos estresemos, los cuales, al llegar, remueven la razón por la cual habíamos parado inicialmente. Aunque por supuesto, este período nunca va a llegar, debido a que internamente creemos que nuestras vidas tienden a volverse más y más estresantes. Estrés como el de dejar la protección de nuestros padres, el estrés del trabajo, el estrés de ser un 'ama de casa', las hipotecas, los bebés, casas más grandes, y más bebés ocupando esa casa. Esto no es cierto, es una ilusión, ya que la verdad es que las etapas más estresantes en la vida de cualquier ser vivo son la niñez temprana y la adolescencia.

El problema es que tendemos a confundir la responsabilidad con el estrés. La vida de un usuario — así como la de un drogadicto — se vuelve automáticamente más estresante porque el porno no relaja o aligera el estrés, como algunos te quieren hacer creer. Es justo lo contrario, causando que te estreses más mientras más lo usas, *poniendo más peso a la espalda del camello*. Incluso los usuarios que pudieron dejar el hábito (algunos haciéndolo una o más veces en su vida) pueden tener vidas perfectamente felices y aun así engancharse de nuevo. Deambulando cada vez más por el 'laberinto pornográfico', nuestras mentes experimentan más 'bruma' y pasamos el resto de nuestras vidas tratando de escapar. Algunos lo consiguen, solo para recaer en la trampa más adelante.

La adicción al porno es un complejo y fascinante rompecabezas, y similar al 'Cubo Rubik', prácticamente imposible de resolver. Pero si tienes la solución, ¡es simple y divertido! EasyPeasy contiene la solución a este rompecabezas, guiándote fuera de este laberinto, para no deambular nunca más. Todo lo que tienes que hacer es seguir las instrucciones. Sin embargo, recuerda que, de tomar una vuelta equivocada, el resto de las instrucciones serán inútiles.

Cualquiera puede encontrar sencillo dejar la pornografía, pero debemos establecer primero los hechos. No, no hechos diseñados para asustarte, ya hay suficiente información al respecto. Si esos hechos fueran a pararte, ya lo habrían hecho. ¿Pero por qué encontramos difícil parar? Responder a estas preguntas requiere que sepamos las razones reales por las que seguimos usando porno, resumido en dos factores:

- La naturaleza del porno.

- El lavado de cerebro.

Los usuarios son seres humanos inteligentes y racionales. Saben que están tomando grandes riesgos a futuro, así que pasan la mayoría del tiempo tratando de racionalizar su hábito. Pero los usuarios de pornografía saben en el fondo que son unos tontos, sabiendo que no tenían ninguna necesidad de usarla antes de engancharse. Algunos recuerdan que 'su primer vistazo' fue una combinación de repugnancia y novedad. Recuerdo que se pierde, tan pronto se especializan en localizar, filtrar y 'añadir a sus marcadores' dichas páginas, tratando fuertemente de engancharse.

Más molesto aún, los usuarios incluso llegan a tener la noción de que los no-usuarios — siendo la mayoría mujeres, gente mayor y gente viviendo en lugares donde el porno no está disponible debido a sus servicios de internet — no se están perdiendo de nada, encontrando dicha situación graciosa. Desmantelando esos factores en los siguientes capítulos, ¡tú también entenderás esta siniestra trampa!

4 La naturaleza del porno

El porno trabaja secuestrando tu sistema de recompensa natural, diseñado para reproducir estímulos lo más que se pueda. La forma tan rápida e instantáneamente accesible del porno de internet mantiene tu sistema de recompensa produciendo dopamina por un período de tiempo mucho más prolongado de lo normal. Esto es denominado científicamente como *el efecto de Coolidge*, el cual es muy probable que ya conozcas.

La dopamina es un neurotransmisor asociado con los sentimientos de deseo, y el placer real es producido por los opioides. Más dopamina significa más opioides, *y más acción*. Sin la dopamina, acciones como comer no se sentirían placenteras ni serían completas. Toma de ejemplo los alimentos con alto contenido de azúcar y grasas, los cuales producen la mayor liberación de dopamina y opioides.

La dopamina también es liberada en respuesta a la novedad. Y con lo que parece ser una cantidad infinita de pornografía disponible, esta cantidad de novedad inunda el sistema límbico (nuestro sistema de recompensa) de dopamina, haciendo que la primera vez que veas porno actúes de inmediato, teniendo un orgasmo y desencadenando otra inundación, ahora de opioides, en tu sistema. Incentivado por la necesidad de más dopamina, el cerebro almacena este proceso como un guion para recordarlo fácilmente, y endurece las vías neuronales que permiten la liberación de dopamina, liberando así un químico llamado DeltaFosB. Luego el cerebro invocará estas vías neuronales en respuesta a estímulos como *comerciales sexys*, tiempos en soledad, estrés o incluso esos momentos donde te sientes un poco desanimado, preparándote para bajar el tobogán de agua de nuevo. Cada que este proceso es repetido, más DeltaFosB es liberado, así el tobogán está más engrasado, estable y listo para poder bajar en él la próxima vez.

El sistema límbico tiene su propio sistema de autocorrección para poder recortar la cantidad de dopamina y receptores de opioides cuando detecta que hay una frecuente y diaria liberación de dopamina. Desafortunadamente, estos receptores también son necesarios para mantenerte motivado todo el día, así como para poder manejar el estrés diario. La cantidad nominal de dopamina producida por las recompensas naturales simplemente no se pueden comparar con la dopamina inducida por el porno, y no son tan eficientemente absorbidos por los receptores disminuidos, llevándote a sentirte más estresado e irritado de lo normal. Este proceso es conocido como **desensitización**.

Pasado este ciclo ya has cruzado la *'línea roja'*, cosa que te provocará sentimientos como lo son la culpa, el disgusto, vergüenza, ansiedad y miedo, que a su vez aumentan los niveles de dopamina y causan que el cerebro los malinterprete como excitación sexual.

Mientras pasa el tiempo, el cerebro no solo se insensibiliza a los videos antes vistos, sino también a los géneros y al nivel de shock que provocan. Esta menor motivación desencadena sentimientos de menor satisfacción mientras nuestro cerebro se compromete más en calificar constantemente, empujándote a buscar más videos para saciar esa hambre.

Entonces buscas más novedad, dando clic en videos amateurs, en esos videos que te inducen shock, esos que se encuentran en la página principal, y que en tu primera visita dijiste que nunca verías.

El Efecto Coolidge

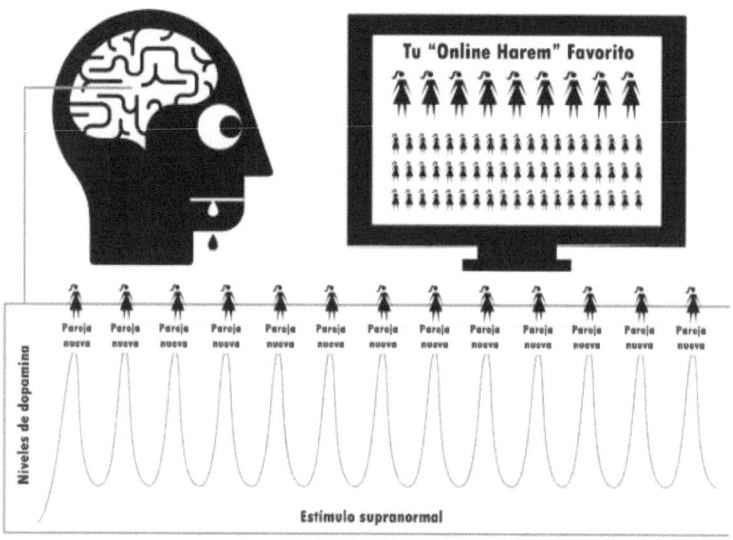

"En el rocío de las pequeñas cosas, el corazón encuentra su mañana y toma su   frescura."
- Khalil Gibran

Un fugaz sentimiento de seguridad es todo lo que se necesita para atravesar un momento difícil de tu vida, ¿pero podrá tu insensible cerebro superar dichos momentos sin el desestresante que los no-usuarios pueden usar?

La inundación de dopamina en tu sistema actúa como una droga de acción rápida, cuyo efecto decae rápidamente y te induce a dolores de abstinencia. Algunos usuarios tienen la ilusión de que estos síntomas de abstinencia son el terrible trauma que sufren cuando tratan de parar o son forzados a hacerlo. Aunque, de hecho, estos síntomas son enteramente mentales, debido a que el usuario se siente privado de su placer o apoyo.

4.1 El pequeño monstruo

La abstinencia química real que ocasiona el porno es tan sutil que muchos usuarios han vivido y muerto sin darse cuenta de que son drogadictos. Muchos usuarios temen a las drogas, y aun así es exactamente lo que son, drogadictos. Por fortuna, es una droga fácil de dejar, pero primero necesitas aceptar que, de hecho, eres un adicto. La abstinencia del porno no causa ningún dolor físico y es meramente un sentimiento vacío e inquieto, de que algo falta, que es por eso por lo que muchos piensan que esto tiene relación con el deseo sexual. Prolongado, este sentimiento se convierte en nervios, inseguridad, agitación, poca confianza en sí mismo e irritabilidad. Es como estar hambriento — hambriento de un veneno.

A los pocos segundos de empezar una sesión, la dopamina es suministrada al cerebro, y el ansia acaba, resultando en un sentimiento de satisfacción mientras te 'deslizas por el tobogán'. En los primeros días, los dolores de abstinencia y su posterior alivio son tan leves que no nos percatamos de dichos. Cuando nos convertimos en usuarios regulares, creemos que es porque llegamos a disfrutar estos dolores o que ya desarrollamos el 'hábito'. Cuando la verdad es que ya nos enganchamos, sin darnos cuenta. El 'pequeño monstruo' ya está en nuestro cerebro, haciendo que tomemos un pequeño viaje por el tobogán de vez en cuando para alimentarlo.

Todos los usuarios empiezan a buscar porno por razones irracionales. La *única* razón por la cual lo siguen usando, sea un usuario casual o un adicto, es para alimentar a ese pequeño monstruo. Todo este enigma es una serie de crueles y confusos castigos, pero quizá el aspecto más patético de esto es el sentido de disfrute que un usuario consigue de una sesión, solo para tratar de recuperar ese sentido de paz, tranquilidad y confianza que tenía en su cuerpo antes de haberse enganchado en primer lugar.

4.2 La molesta alarma

¿Alguna vez te ha pasado que la alarma del coche de un vecino estuvo sonando por un buen rato — o cualquier tipo de agravio similar — hasta que ese sonido por fin para y un maravilloso sentimiento de paz y tranquilidad irrumpe en ti? Esto no es un sentimiento de paz en sí, sino el fin de una molestia. Antes de iniciar en la próxima sesión, nuestro cuerpo está completo, pero entonces empezamos a forzar a nuestro cerebro a bombear dopamina, a sentir deseos, y cuando acabamos y ese sentimiento de deseo empieza a salir de nuestro sistema, sufrimos de los dolores de abstinencia. Estos dolores no son físicos, son meramente un sentimiento de vacío. No somos conscientes de que existen, pero es como un grifo que gotea dentro de nuestro cuerpo.

Nuestras mentes racionales no lo entienden, pero no tienen que. Todo lo que sabemos es que queremos porno y cuando nos masturbamos, esas ansias desaparecen. Sin embargo, la satisfacción es fugaz porque, en orden para aliviar esas ansias, más porno es requerido. Tan pronto tienes el orgasmo, las ansias empiezan de nuevo y la trampa te sigue reteniendo. ¡Un bucle, hasta que lo rompes!

La trampa del porno es similar a usar zapatos ajustados solo para obtener placer al quitártelos. Y hay 3 principales razones por las cuales los usuarios no pueden verlo de esta manera:

- Desde nuestro nacimiento, hemos sido sujetos a cantidades masivas de lavado de cerebro, diciéndonos que el porno de internet es simplemente otro desarrollo novedoso y moderno que reemplazó la versión impresa del porno. Esta falacia es usualmente acompañada de la falacia que la masturbación no es dañina, así que, ¿por qué no habríamos de creerles?

- No pueden verlo así debido a que la abstinencia física de dopamina no involucra dolor real, sino meramente un sentimiento de vacío, similar al del estrés normal o el hambre. Este sentimiento se manifiesta antes y después de cada sesión, ya que son los únicos momentos en los que tenemos la verdadera intención de buscar porno. Tendemos a considerar este sentimiento como algo normal.

- Sin embargo, la razón primaria por la que los usuarios no pueden ver la pornografía en su máximo esplendor es debido a que trabaja de ida y de regreso. Es *cuando no la estás consumiendo* cuando sufres de ese sentimiento vacío. Debido a que el proceso de engancharse es increíblemente sutil y gradual, el sentimiento de vació es considerado como algo normal, y así no lo puedes tomar como producto de la sesión anterior. El momento en el que el navegador es encendido y empiezas tu sesión, obtienes un *'boost'* y te pones menos nervioso o más relajado, cosa por la cual el porno de internet obtiene el crédito.

Este proceso reverso de 'ida y regreso' hace que todas las drogas sean difíciles de dejar. Imagina el estado de pánico de un adicto a la heroína que no dispone de su droga a la mano. Ahora imagínate esa alegría absoluta cuando por fin pueden insertar una aguja en sus venas. Los no-usuarios no sufren de este sentimiento de pánico.

La heroína no alivia ese sentimiento, lo causa. Similarmente, los no-usuarios no sufren ningún sentimiento de vacío o necesidad de pornografía, o sentimiento de pánico cuando no tienen internet. Los no-usuarios no pueden entender cómo es posible que los usuarios obtengan placer de videos de dos dimensiones con sonidos 'silenciados' y cuerpos de anormales proporciones. Y eso que, a su vez, los usuarios tampoco llegan a entenderlo.

Hablamos de porno de internet siendo algo relajante y satisfactorio. ¿Pero cómo puedes estar satisfecho a menos que estuvieras insatisfecho en primer lugar? Un no-usuario no sufre de este estado insatisfecho, sintiéndose completamente relajado después de una cita sin sexo, mientras que el usuario no se relaja hasta que haya satisfecho a su 'pequeño monstruo'.

4.3 ¿Un placer o un apoyo?

Un recordatorio importante — la principal razón por la que los usuarios encuentran difícil dejar el porno es debido a la creencia de que están renunciando a un placer o apoyo genuino. Es esencial entender que no estás renunciando a absolutamente *nada*. La mejor manera de entender las sutilezas de la trampa del porno es comparándolo con comer. El hábito de las comidas regulares no nos causa una hambruna entre cada comida, siendo que nos sentimos hambrientos solo cuando estas son pospuestas. No hay dolor físico, solo un sentimiento de vacío que reconocemos como *hambre*. Satisfacer nuestra hambre es sin duda un proceso placentero.

La pornografía parece ser casi idéntica, pero no lo es. Así como con el hambre, no hay dolor físico y el sistema de recompensas se comporta de manera similar, pero es la similitud de comer lo que engaña al usuario a creer que hay un genuino placer o apoyo. Aunque comer y consumir porno parecen ser similares, en realidad son exactos opuestos:

- Comer se hace para sobrevivir y darle energía a tu vida, mientras que la pornografía atenúa y reduce tu energía.

- La comida sabe genuinamente rica y comer es una experiencia genuinamente placentera que disfrutamos con el pasar de nuestras vidas. A diferencia del porno, que involucra un autosabotaje a nuestros receptores de felicidad, destruyendo a su vez nuestras posibilidades de afrontar y disfrutar nuestra vida.

- Comer no crea el hambre y lo alivia genuinamente, mientras que la primera sesión de porno que tenemos desencadena nuestras ansias por dopamina y las sesiones que le siguen. Lejos de aliviar dicho sentimiento, nos asegura que sigamos sufriendo por el resto de nuestras vidas.

¿Comer es un hábito? Si crees que sí, ¡trata de romperlo por completo! Describir el comer como un hábito sería como describir el respirar como un hábito, siendo que los dos son **esenciales** para la supervivencia. Es cierto que hay gente que tiene el hábito de saciar su hambre a diferentes horas con diferentes tipos de comida, pero comer no es un hábito en sí. Tampoco lo es la pornografía. La única razón por la que encendemos nuestros navegadores es para tratar de terminar con ese sentimiento de vacío que la sesión anterior empezó, en diferentes tiempos y con diferentes géneros que van escalando en valor.

En internet, la pornografía es frecuentemente referida como un hábito y para conveniencia de EasyPeasy, también se le describe como tal. Sin embargo, te pido que estés constantemente consciente de que el porno no es un hábito, **¡es una adicción!** Cuando empezamos a usar porno, nos tenemos que forzar a nosotros mismos para poder afrontar con dicho 'hábito'. Y antes de que lo sepamos, empezamos a escalar en géneros de porno mucho más bizarros y shockeantes. La diversión está en la búsqueda, no en la ejecución, con la dopamina saliendo rápidamente del cuerpo después del orgasmo, explicando por qué otros usuarios prefieren llegar al borde (o, en otras palabras, retrasar su orgasmo) mientras pasan por múltiples ventanas o videos.

4.4 Cruzando la línea roja

Como con cualquier otra droga, el cuerpo tiende a desarrollar una inmunidad a los efectos de los mismos clips que ya vimos, haciendo que nuestro cerebro *necesite* buscar más y más novedoso. Luego de haber tenido cortos períodos viendo el mismo clip, este clip deja de aliviar por completo los dolores de abstinencia que la sesión anterior creó. Comienza un juego de 'jalar la cuerda' en este *paraíso de pornografía'*. Por un lado, estás tú, queriendo mantenerte en tu línea roja de 'porno seguro', del otro está tu cerebro, queriendo que des clic en ese clip, el que asemeja en cualidad a una *fruta prohibida*.

Te sientes mejor después de esta sesión de porno donde ganó tu cerebro, pero menos relajado y más nervioso que una persona que nunca empezó. Extraño, ya que vives en el supuesto 'paraíso pornográfico'. Esta posición es incluso más ridícula que ponerse zapatos ajustados porque mientras sigues con tu vida, una sensación de incomodidad se queda cuando te quitas los zapatos. Porque el usuario sabe que el pequeño monstruo tiene que ser alimentado, siendo el usuario el que escoge el momento, una combinación de cuatro tipos de ocasiones.

- Aburrimiento/Concentración - Dos completos opuestos.

- Estrés/Relajación - ¡Dos completos opuestos!

¿Qué clase de droga mágica puede revertir los efectos que tenía minutos antes? La verdad es que el porno no alivia ni el aburrimiento ni el estrés, ni promueve la relajación o la concentración. Si lo piensas, ¿qué otro tipo de ocasiones así tenemos en nuestras vidas, sin contar cuando dormimos? Si tienes la idea de bajar de tono con los géneros que consumes, o consumir 'softporn', por favor, ten en cuenta que el contenido de este libro aplica para todo tipo de porno — impreso, webcams, pay-per-views, chats, shows en vivo, etc. El cuerpo humano es el objeto más sofisticado en el planeta, pero no hay una sola especie, ni siquiera la más minúscula ameba u oruga, que sobreviva sin saber la diferencia entre veneno y comida.

A través de selección natural, nuestras mentes y cuerpos han desarrollado técnicas para recompensarnos por todo tipo de acciones, las cuales multiplican y sostienen la raza humana. Pero nuestras mentes no están preparadas para los estímulos supranormales que son más grandes, brillantes y atrevidos que cualquier cosa que puedas encontrar en la naturaleza. Si no lo puedes ver, recuerda que, llegado el punto, incluso la más apagada imagen 2D nos excita. Oh, pero sigue viendo la misma imagen y ya no lo estarás. En la vida real, los cheques y pagos nos inducen a hacer algo más, pero el porno no tiene un limitante, ¡causando que pases el resto de tu vida en un Harem Virtual!

Es una falacia que personas física y mentalmente débiles se convierten en usuarios, exceptuando a los más suertudos, aquellos que encontraron su primera visita a una página repulsiva, y que son curados de por vida. Incluso estos últimos, no están preparados mentalmente para pasar por el duro proceso mental de luchar por engancharse, ni para los miedos de ser descubierto o no saber cómo navegar con los ajustes privados de un navegador. Y quizá la parte más trágica de todo este problema se relaciona con los adolescentes — expertos en encontrar material y esconderlo — que empiezan en números exponenciales, todos los días.

Disfrutar del porno es una ilusión. Saltar de género en género, meramente manteniendo nuestro sentido de novedad dentro de la 'línea roja' y el 'porno seguro' para poder obtener nuestra dosis de dopamina, es una ilusión. Como un adicto a la heroína, todo lo que estás disfrutando es ese ritual de aliviar los dolores de abstinencia.

4.5 Bailar alrededor de la línea roja

Incluso con aquel video que han frecuentado, los usuarios están constantemente aprendiendo a filtrar las partes feas o malas de un video. Sea cual sea el género, aprenden a filtrar las partes del cuerpo que más les atraen. De hecho, algunos encuentran placer en este 'baile alrededor de la línea roja', encontrando excusas para declarar que les gustan las cosas 'suaves' y que no son adictos a estímulos supranormales. Pero pregúntale a un usuario que cree que se apega más a cierta actriz o género: *"¿si no pudieras acceder a tu género común de porno y tuvieras que usar un género mucho más inseguro, aún te masturbarías con ese?"*

¡Claro que sí! El usuario se masturbará con cualquier género que le pongas, escalando las intensidades, las diferencias de orientación sexual, buscando actrices parecidas, activando ajustes peligrosos, todo para satisfacer al pequeño monstruo. Al inicio te parecerán géneros asquerosos, géneros que 'no saben bien'. Oh, pero con el tiempo… Recuerda, los usuarios incluso buscarán saciar su hambre después de tener sexo real, después de una larga semana de trabajo, cuando tengan fiebre o gargantas secas e incluso, cuando sean internados en el hospital.

El disfrute no tiene nada que ver. Si deseas tener sexo, no tiene sentido que estés sentado junto a tu laptop. Es curioso como algunos usuarios encuentran alarmante el hecho de descubrir que son drogadictos y creen que este hecho hará más difícil que puedan parar. De hecho, estas son buenas noticias por dos razones importantes:

- La razón por la que muchos continúan usando pornografía es porque, a pesar de que sabemos que las desventajas superan por mucho las ventajas, creemos que hay algo inherente en el porno que disfrutamos, o que actúa similar a un apoyo. Estamos bajo la ilusión de que, al dejar de usarlo habrá un vacío, que ciertas situaciones de nuestras vidas nunca volverán a ser las mismas. Cuando en realidad, el porno no solo nos proporciona nada, sino que nos quita.

- Aunque el porno de internet es el más poderoso detonante de inundación de dopamina inducido por la novedad y el sexo, y debido a la velocidad con la que te enganchas, nunca te enganchas fuertemente. Los dolores de abstinencia son tan sutiles que muchos usuarios han vivido y muerto sin saber que eran adictos.

¿Por qué tantos usuarios encuentran difícil parar, pasando por meses de tortura y pasando el resto de sus vidas usando pornografía en sus peores momentos? La respuesta es la segunda razón, el lavado de cerebro. Es fácil lidiar con la adicción, siendo que algunos usuarios pueden pasar días sin usar porno en viajes de negocios o en vacaciones, sin ser realmente afectados por los dolores de abstinencia. Con la condición de que su pequeño monstruo está a salvo, a sabiendas de que tan pronto lleguen a su cuarto encenderán la laptop. Puedes sobrevivir a ese irritante cliente, o a los gritos de tu jefe, sabiendo que tu dosis está ahí, en tu celular, lista para ser reclamada.

4.6 La analogía del fumador

Una buena analogía es aquella del fumador de cigarrillos. Si llegaran a pasar 10 horas del día sin poder dar una 'calada' de cigarro, estarían arrancándose los pelos, pero algunos usuarios comprarían un coche y se abstendrían de fumar dentro de él. Algunos incluso podrían visitar cualquier restaurante o centro comercial, donde no se les es permitido fumar, y no tendrían problema. Incluso en los trenes, en los aviones, no hay conflicto. Los fumadores estarán complacidos si hay alguien o una situación que los detenga de fumar.

Los usuarios se abstendrán de usar pornografía en 'casa de sus papás' durante reuniones familiares y otros eventos sin incomodidad alguna. De hecho, algunos de los usuarios que utilizan el MFV llegan a tener largos períodos en los cuales se abstienen sin ningún problema usando este método. Es fácil lidiar con el monstruo neurológico incluso cuando eres adicto. Hay millones de usuarios que se mantienen como usuarios casuales todas sus vidas, siendo aun tan adictos como los usuarios más frecuentes. Incluso hay usuarios cuya adicción es todavía más fuerte, que después de haber dejado la adicción por completo, tuvieron 'una miradita' en un momento débil, engrasando el tobogán para ser usado la próxima vez que su estado de ánimo vuelva a caer.

Como se dijo anteriormente, la adicción al porno no es el verdadero problema, simplemente actúa como un catalizador que mantiene nuestra mente confundida sobre el problema real — el lavado de cerebro. Aun así, no pienses que los malos efectos del porno son exagerados, cuando a lo muchos son infravalorados. Hay un rumor circulando por ahí que dice que las vías neuronales que creamos con el porno se quedarán por siempre en su lugar, con la correcta mezcla de posibilidades y estímulos mandándote de vuelta al tobogán, pero esto es falso. Nuestros cuerpos y cerebros son objetos milagrosos, pudiendo recuperarse en semanas.

¡Nunca es tarde! Una búsqueda rápida de comunidades en línea nos mostrará a gente de todas las edades reiniciando su vida (y la de sus parejas). Así como con cualquier cosa que los humanos hacen, hay algunos que lo llevan a otro nivel: practicando la retención de semen, *Karezza* y a través de la diferenciación de las partes propagativas y sensoriales del sexo. Los ahora ex-usuarios hacen a sus parejas más felices que nunca.

Quizá sirva de consolación para los usuarios de toda una vida, o para los usuarios más pesados que es tan fácil para ellos parar como lo es para un usuario cualquiera, y de forma peculiar, es muchísimo más fácil. Porque, entre más te atrapa, mayor es el alivio. Cuando yo paré, mi consumo se redujo inmediatamente a *cero* y no tuve ni un solo dolor de abstinencia. De hecho, el proceso fue disfrutable, incluso en el período de abstinencia.

Pero primero, debemos remover el lavado de cerebro.

5 Lavado de cerebro

Esta es la segunda razón por la que empezamos a usar porno. Y para entenderlo por completo es necesario que examinemos primero los poderosos efectos de los estímulos supranormales. Nuestros cerebros simplemente no están preparados para la creación de un "Harem en línea", el cual nos permite 'hojear' entre una mayor cantidad de potenciales parejas en 15 minutos de lo que nuestros ancestros pudieron en varias vidas.

Ha habido vasta cantidad de consejos sobre la masturbación en el pasado que resultan equívocos, como aquel mito de que la masturbación conduce a la ceguera. Esta, junto con otras tácticas de miedo, son claras exageraciones. Conceptos así de erróneos ya han sido derrocados gracias a las investigaciones científicas. Pero ya se ha echado toda la carne al asador. Desde nuestros años más jóvenes, somos bombardeados de forma subconscientemente con mensajes e imágenes sexuales, con revistas y anuncios cargados de insinuaciones. Incluso con algunos videos de música pop siendo extremadamente sugerentes. Aunque no te desesperes, trata de convertirlo en un juego, e identifica qué componentes usan, si buscan causar impacto, sentimientos de novedad, qué colores usa, las proporciones corporales, si se toca un tema tabú, si trata de evocar nostalgia, etc. Incluso un juego como este puede ser enseñado a preadolescentes como una forma de educarlos.

En última instancia, el mensaje que propone todo este bombardeo es: *"la cosa más preciada en esta tierra, mi último pensamiento y acción, será el orgasmo"*. ¿Acaso exagero? Ve cualquier serie o película, y verás la mezcla que usan sobre la parte sensorial (tacto, olor y voz) y la parte propagativa (orgásmica) del sexo. Esto no tiene un registro muy fuerte en nuestra consciencia, pero el subconsciente tiene tiempo para absorber el mensaje.

5.1 Razonamiento científico

Hay mucha publicidad en internet que te anima a dejar el porno con otro enfoque; páginas que tratan de asustarte con el concepto de disfunción eréctil, con la pérdida de motivación, la preferencia del porno virtual a las chicas reales, 'YourBrainOnPorn' y otras varias subculturas de internet. Sin embargo, estos movimientos en realidad no detienen a las personas de usar pornografía. Lógicamente hablando, deberían hacerlo, pero el simple hecho es que no. Ni siquiera los riesgos para la salud que son enumerados en estudios revisados por pares, y que a su vez son expuestos en *YourBrainOnPorn* son suficientes para evitar que un adolescente comience con la adicción.

Irónicamente, la fuerza más poderosa en toda la confusión que atormenta a los usuarios, son los propios usuarios. Es una falacia decir que los usuarios tienen voluntad débil, o que son personas físicamente débiles. Tienes que ser físicamente fuerte para poder seguir con una adicción después de saber que eres adicto. Tal vez el aspecto más doloroso de esto es que se colocan como perdedores, fracasados o como insufribles introvertidos. Es probable que un amigo tuyo podría ser más interesante en persona si no se hubiera enganchado a la idea de satisfacerse a sí mismo con porno en primer lugar.

5.2 Problemas al usar la fuerza de voluntad

Los usuarios que prefieren usar el método de la fuerza de la voluntad culpan a su propia falta de voluntad por sus fracasos, arruinando así su paz y su felicidad propia. Pero una cosa es fallar en la autodisciplina y otra muy diferente es auto despreciarse. Después de todo, no hay ninguna ley que te obligue a estar erecto todo el tiempo, adecuadamente excitado y físicamente capaz de satisfacer a tu pareja en el momento. Estamos trabajando en una adicción, no en un hábito, y en ningún momento discutes contigo mismo para dejar un hábito como el golf, a pesar de que hacer lo mismo con la adicción al porno está normalizado. ¿Por qué?

La exposición constante a un estímulo supranormal reconecta tu cerebro, por lo que construir una resistencia a este lavado de cerebro es algo crítico, como cuando compras un coche a un distribuidor de coches de segunda mano — asintiendo educadamente a todo, pero sin creer en ni una palabra de lo que dice el hombre. Necesitas entender el lavado de cerebro. Así que no creas que debes tener tanto sexo como puedas, ni siquiera si es el sexo más excepcional, mientras usas porno en su ausencia.

No juegues al juego seguro del porno tampoco. Tu pequeño monstruo inventó ese juego para poder atraerte. ¿Acaso el porno amateur está certificado por alguna autoridad? Duh. Los sitios pornográficos recopilan datos de todos sus usuarios y los utilizan para satisfacer sus necesidades, tal así que si ven un repunte en una determinada categoría se enfocarán en ella y sacarán contenido lo antes posible. No te dejes engañar por la intención educativa o los "seguros" clips femeninos comerciales. Mejor empieza a preguntarte: *"¿Por qué lo estoy haciendo? ¿Realmente lo necesito?"*

¡No, por supuesto que no!

La mayoría de los usuarios juran que solo ven porno 'seguro y estático', y que por lo tanto están a salvo, cuando en realidad están tirando de la correa, peleando con toda su fuerza de voluntad para resistir a las tentaciones. Cosa que, si se hace con demasiada frecuencia y por demasiado tiempo, agotará su fuerza de voluntad considerablemente y hará que empiecen a fallar en otros proyectos de vida donde la fuerza de voluntad es de gran valor, como en el ejercicio, la dieta, etc. El fracaso en estas áreas los hará sentirse miserables y culpables, haciéndolos caer y recaer en la pornografía. Y si esto no se detiene, terminarán por desahogar su ira y depresión sobre sus seres queridos...

Una vez te conviertes en un adicto a la pornografía, el lavado de cerebro incrementa. Tu subconsciente sabe que el pequeño monstruo debe ser alimentado, así que bloquea todo lo demás. Ese miedo mantiene a las personas alejadas de dejar el porno, ese miedo al vacío, ese sentimiento de inseguridad que tienen al dejar de inundar sus cerebros con dopamina. Solo porque no lo sepas no significa que no esté ahí. Tú no tienes que entender más de lo que un gato tiene que entender sobre dónde están las pipas de agua. El gato solo se sienta si el lugar está caliente.

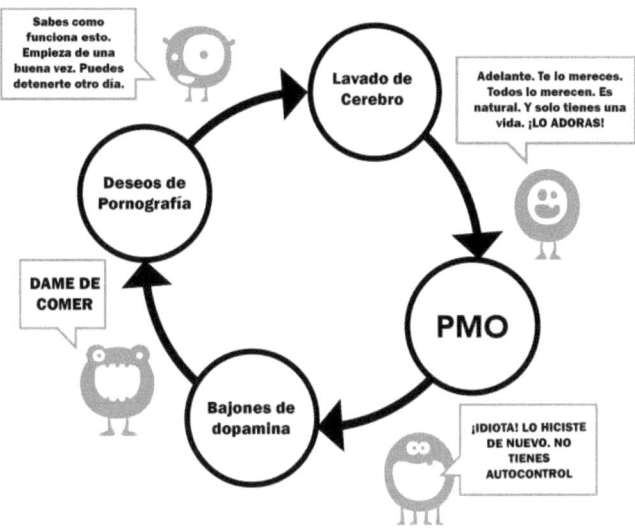

La Trampa

5.3 Pasividad

La pasividad de nuestras mentes para absorber información, y la dependencia de una autoridad son factores que conducen al lavado de cerebro, además de ser la principal dificultad para dejar el porno. Eso, junto con nuestra crianza en la sociedad, reforzada por el lavado de cerebro de nuestra propia adicción y combinada con los lavados de cerebro más poderosos: nuestros amigos, familiares y colegas. Decir que vas a "renunciar al porno" es un ejemplo clásico de lavado de cerebro, que implica un sacrificio genuino. Cuando la hermosa verdad es que no hay nada a lo que renunciar — al contrario, te liberarás de una terrible enfermedad y obtendrás maravillosas ganancias positivas. Comenzaremos a remover este lavado de cerebro ahora, empezando por no referirse a 'renunciar' sino a parar, 'dejar de' o quizá la verdadera naturaleza de todo esto, **¡escapar!**

Lo único que nos persuade a usar porno inicialmente es que otras personas lo hagan, sintiendo que nos lo estamos perdiendo. Trabajamos duro para engancharnos a nosotros mismos, aun cuando nunca encontramos aquello de lo que nos estábamos perdiendo. Cada vez que vemos otro clip, nos hacemos a la idea de que debe haber algo en él, porque de lo contrario, la gente no lo estaría haciendo y el negocio no sería tan grande. Incluso después de dejar el hábito, el ex-usuario siente que está siendo privado cuando, entre los asistentes de una reunión o fiesta, discuten acerca de lo sexy que es una actriz de cine, artista o incluso actriz porno. *"Su contenido debería ser bastante bueno si todos mis amigos hablan de eso, ¿cierto? ¿Tendrá alguna foto suya en internet?"* Ellos se sienten seguros, por lo que solo echarán un vistazo esta noche. Pero para antes de que lo sepan, ya estarán enganchados.

El lavado de cerebro es extremadamente poderoso y tú necesitas ser consciente de sus efectos. La tecnología sigue avanzando y el futuro traerá sitios y métodos de acceso exponencialmente más rápidos. La industria del porno ya está invirtiendo millones en la realidad virtual para que se convierta en el próximo 'hit'. No sabemos para dónde vamos, y ni siquiera tenemos los recursos biológicos para poder lidiar con la tecnología del presente, o con la que viene.

Estamos a punto de eliminar este lavado de cerebro, así que, por favor, hazte a la idea de que no es el no-usuario el que se ve privado, sino el usuario el que pierde toda una vida de:

- Salud

- Energía

- Riqueza

- Paz mental

- Confianza

- Coraje

- Autorrespeto

- Felicidad

- Libertad

¿De qué se pierden los usuarios al sacrificar el porno por estos aditivos? **DE ABSOLUTAMENTE NADA**, aparte de la ilusión de tener que obtener de vuelta su estado de paz, su tranquilidad y su confianza usando el porno, cosa de la cual los no-usuarios disfrutan *sin* porno.

5.4 Los dolores de abstinencia

Como se explicó anteriormente, los usuarios creen que usan porno para su disfrute, relajación o como una especie de educación sexual. Cuando la verdadera razón es porque tienen que aliviar los dolores de abstinencia. Nuestro subconsciente empieza a aprender que el porno y la masturbación cada cierto tiempo tienden a ser placenteros. Pero a medida que incrementamos nuestro enganche en la droga, más grande es la necesidad de aliviar esa abstinencia y cuanto más te arrastra sutilmente a la trampa. Este proceso ocurre tan lentamente que no eres consciente de él, como con la mayoría de los jóvenes usuarios que no se dan cuenta que son adictos hasta que tratan de detenerse, e incluso cuando muchos de ellos no lo admiten.

Mira esta conversación que un terapeuta suele tener con cientos de jóvenes, por ejemplo:

Terapeuta: *"¿Te das cuenta de que el porno es una droga y la única razón del porqué la usas es porque no puedes parar?"*
Paciente: *"¡No tiene sentido! Yo lo disfruto, y puedo parar si me lo propongo."*
Terapeuta: *"Solo para por una semana para probarme que puedes si así lo quieres."*
Paciente: *"No lo necesito, lo disfruto. Sí quiero detenerme lo haré sin problema."*
Terapeuta: *"Solo detente por una semana para probarte que no estás enganchado."*
Paciente: *"¿Cuál es el punto? Lo disfruto."*

Como ya se dijo, los usuarios tienden a aliviar sus dolores de abstinencia en momentos de estrés, aburrimiento, concentración o en combinación de estos. Por lo tanto, en los siguientes capítulos, nos centraremos en estos aspectos del lavado de cerebro.

6 Aspectos del lavado de cerebro

El *Gran Monstruo* que se crea gracias a la trampa de la pornografía es procreado a través de la culminación de muchos aspectos, como lo son los aspectos sociales, los medios de comunicación, las parejas sexuales y la propia narrativa interna del usuario. Fallar en deconstruir estas falacias mientras se usa el MFV eventualmente llevará al usuario a tener sentimientos de privación, lo cual a su vez lo lleva de regreso a la trampa. ¡La deconstrucción del valor imaginario del porno es crucial para el éxito, y te permite ver por dónde te están robando!

Es importante señalar el vínculo entre el lavado de cerebro y el miedo. Es el miedo a sentir **futuros dolores de abstinencia** lo que crea dichos dolores. El miedo es el dolor en sí mismo. Solo piensa en las veces que sufriste de síntomas de abstinencia, como tener palmas sudorosas, dificultad para respirar, problemas para dormir e incapacidad para pensar con claridad. Ahora piensa en situaciones similares en las que hayas tenido esos sentimientos: entrevistas de trabajo, nervios al estar con una persona atractiva, hablar en público, etc. Estos son los mismos sentimientos de ansiedad que causa el miedo. En pocas palabras, ¿cómo puede una droga física seguir enganchando a las personas meses después de suspenderla? Debe ser a través de la mente, ¿correcto?

6.1 Estrés

No solo las grandes tragedias en la vida, sino también las tensiones menores llevan a los usuarios a la "insegura" zona prohibida previamente excluida, a la zona más allá de la línea roja. Estas tensiones pueden venir en forma de socialización, llamadas telefónicas, las actividades de un padre de familia, entre otras. Tomemos las llamadas como ejemplo, especialmente las de un empresario. La mayoría de las llamadas no son de clientes satisfechos o de su jefe felicitándolo, siempre es algún tipo de agravio. Luego de un día arduo de trabajo, este mismo empresario tendrá que volver a su casa, a la mundana vida familiar: a los gritos infantiles y a las demandas emocionales de su pareja. Cosa que hace que el usuario — si aún no lo está haciendo — fantasee con el alivio que el porno le dará esa noche. Estas personas sufren inconscientemente dolores de abstinencia, con sus desestresores debilitados y sin preparación para un agravamiento adicional. Al aliviar parcialmente los dolores con porno, a la par de que el estrés cotidiano es erradicado, el estrés total se reduce y el usuario recibe una especie de *estímulo* temporal. Este estímulo no es ilusorio. El usuario realmente se siente mejor que antes después de esta sesión, y sin ninguna fuente de estrés, pero sintiéndose más tenso de lo que estaría si fuera no-usuario.

El siguiente ejemplo no está diseñado para causar un estado de shock en ti. EasyPeasy te prometió evitar ese tratamiento, pero hay que enfatizar que el porno destruye tus nervios, en lugar de relajarlos.

Trata de imaginar llegar al punto en el que no puedes excitarte, incluso con una pareja muy sexy y atractiva frente tuyo. Por un momento, haz una pausa y trata de visualizar una vida en la que una persona cariñosa y encantadora tiene que competir con las estrellas porno virtuales que ocupan tu "harem" para llamar tu atención, fallando en el intento. Imagina el estado de ánimo de una persona que, aun cuando recibe esa advertencia, decide seguir consumiendo y muere sin haber tenido nunca relaciones sexuales reales con esta encantadora y dispuesta pareja. Es fácil descartar a estas personas como bichos raros, pero historias como estas no son falsas, esto es lo que esta terrible droga le hace a tu cerebro. Cuanto más vives como un usuario, más coraje para dejarlo pierdes y más te engañas al creer que la pornografía está haciendo lo contrario.

¿Alguna vez te ha asaltado el pánico cuando, de repente, el wifi deja de funcionar o es demasiado lento? Los no-usuarios no lo padecen, ya que la pornografía en internet provoca ese sentimiento. A medida que avanza por la vida, la adicción destruye sistemáticamente tus nervios, tu voluntad y tu coraje, dejando que el DeltaFosB forme resistentes toboganes neuronales de agua a su paso, destruyendo progresivamente tu capacidad de decir *no*. El momento en el que se ha matado la virilidad, el usuario cree que la pornografía es su nueva pareja y que no puede afrontar la vida sin ella.

La pornografía no está relajando tus nervios, los está destruyendo lentamente. Una de las grandes ventajas de dejar la adicción es el regresar a tu confianza y seguridad natural.

No hay necesidad de autoevaluarse, basándote en tu habilidad de satisfacer a tu pareja. Esto no es libertad. Pero esta libertad tampoco puede ser obtenida si sigues engrasando el tobogán de dopamina que corta tu felicidad y libido; sigues repitiendo el mismo comportamiento destructivo.

6.2 Aburrimiento

Si eres como mucha gente, tan pronto como te metes en la cama ya estás en tu sitio porno favorito, probablemente olvidándote de este hecho hasta ser recordado. Se ha convertido en una suerte de hábito. Del mismo modo, eso de que el porno alivia el aburrimiento es otra falacia porque el aburrimiento es un estado de ánimo — se produce cuando has estado privado por mucho tiempo o estás tratando de reducir tu consumo.

La situación real es esta: cuando eres adicto al estímulo supranormal del porno y luego tratas de abstenerte, se siente como si algo faltara. Si hay algo que esté constantemente ocupando tu mente y que además no es estresante, puedes pasar largos períodos de tiempo sin que te moleste la ausencia de porno. Sin embargo, cuando te aburres no hay nada que te haga olvidar esa ausencia, así que alimentas al monstruo. Cuando te estás complaciendo a ti mismo y no tratando de detener o reducir tu consumo, incluso abrir la navegación privada se convierte en una acción subconsciente. Este ritual es automático. Si el usuario intenta recordar sesiones que tuvo durante la última semana, solo podrá recordar una pequeña porción de dichas, como la última sesión o la sesión que tuvo después de una larga abstinencia.

La verdad es que el porno incrementa el aburrimiento de manera indirecta porque el orgasmo te hace sentir con poca energía, cuando podrías usar esa energía para comprometerte a una actividad más enérgica. Los usuarios tienden a preferir holgazanear, aburrirse y saciar sus dolores de abstinencia. Contrarrestar el lavado de cerebro es importante porque los usuarios tenderán a mirar pornografía cuando están aburridos, con nuestro cerebro cableándose constantemente para interpretar al porno como algo interesante. Es incluso extraño como, de forma similar, nos lavaron el cerebro para creer que el sexo, incluso el malo, ayuda en la relajación. Es un hecho que cuando se sienten tristes o están bajo estrés, las parejas quieren tener sexo para relajarse. Pero dejando de lado las partes tántricas y propagativas del sexo, trata de observar lo rápido que una pareja quiere alejarse del otro después del obligado orgasmo. Por otro lado, si esta pareja hubiera decidido abrazarse, hablar o acurrucarse e irse a dormir, se habrían ido a dormir aliviados.

6.3 Concentración

La masturbación y el sexo no ayudan a la concentración. Cuando estás intentando concentrarte automáticamente intentas evitar distracciones. Sin embargo, esto es un poco más complejo para un adicto. Cuando un usuario quiere concentrarse, ni siquiera lo piensa — abre automáticamente el navegador, alimenta al pequeño monstruo y acaba parcialmente con el deseo. Continúan con sus asuntos, olvidando que han visto pornografía. Y no es hasta después de años de inundaciones de dopamina, cuando los usuarios se percatan que los cambios neurológicos en su sistema afectan habilidades como el acceso a la información, la planificación y el control de los impulsos.

También te ves encaminado a proporcionar novedad para la próxima sesión, ya que los videos anteriores ya no generan suficiente dopamina y opioides. Así que tendrás que deambular en tus próximas horas de tiempo libre por las calles oscuras de internet en busca de un video nuevo, luchando contra la atracción por cruzar la línea roja hacia el material impactante, que a su vez genera más estrés y te deja insatisfecho después de terminar.

La concentración también se ve afectada negativamente a medida que se sacrifican los receptores de dopamina, debido a la tolerancia natural hacia los grandes aumentos repentinos de dicha, reduciendo así los estímulos de dopamina que tus desestresores naturales te pueden ofrecer. Tu concentración e inspiración se verán reforzadas en gran medida conforme se reduzca este proceso. Para ejemplificación, piensa en el hecho de que, para muchos, es el aspecto de la concentración el que les impide tener éxito con el MFV; podrían soportar la irritabilidad y el mal temperamento, pero el fracaso de concentrarse en algo difícil una vez que se les quita dicho *"apoyo"* arruina a muchos.

La pérdida de concentración que sufren los usuarios al intentar escapar no se debe a la ausencia del sexo, y mucho menos de pornografía. Es un hecho que tienes bloqueos mentales cuando eres adicto a algo. Y cuando tienes un bloqueo mental, ¿qué haces? Enciendes el navegador — lo cual no cura el bloqueo — ¿y luego? Haces lo que tienes que hacer, seguir adelante tal como lo hacen los no-usuarios.

Cuando eres usuario, *la causa no tiene la culpa*. Los usuarios nunca tienen *disfunción sexual*, solo un ocasional período de cansancio. Y en el momento en que dejas de consumir, todo lo que sale mal es por culpa de la razón por la que dejaste de consumir porno. Ahora, cuando tienes un bloqueo mental, en lugar de seguir adelante, empiezas a decir *"si tan solo pudiera revisar mi harem ahora, resolvería todos mis problemas"*. Y es entonces cuando empiezas a cuestionar tu decisión de renunciar y escapar de la esclavitud.

Si crees que el porno es una verdadera ayuda para la concentración, la preocupación por dicho garantizará que no puedas concentrarte. La duda, no los dolores de abstinencia física, es lo que crea el problema.

Y recuerda: es el usuario el que sufre dolores, no los no-usuarios.

6.4 Relajación

La mayoría de los usuarios piensan que el porno les ayuda a relajarse. Pero no es así. La búsqueda frenética por conseguir tu dosis en esos "rincones oscuros de internet" y la lucha interna por tratar de no ahorcarse con la correa por cruzar la línea roja ciertamente no suena como una actividad muy relajante.

A medida que llega la noche después de un viaje a un lugar nuevo, o un simple pero largo día, nos sentamos para relajarnos; aliviar el hambre, la sed y estar completamente satisfechos. Pero para el usuario el ritual es un poco más complejo, ya que tiene otra necesidad que satisfacer. Los usuarios piensan que el porno es la cereza del pastel, pero en realidad es el "pequeño monstruo", que necesita de alimento. La verdad es que el adicto nunca puede estar completamente relajado y a lo largo de su vida se pone exponencialmente peor. Toma un comentario en línea de un ex-usuario:

"Realmente creía que tenía un demonio malvado dentro mío, y ahora sé que lo tenía. Sin embargo, no era un defecto inherente en mi personaje, sino el pequeño monstruo del porno el que estaba creando el problema. Durante esos momentos pensé que tenía todos los problemas del mundo, pero cuando miro hacia atrás en mi vida me pregunto dónde estaba todo el gran estrés. En todos los demás momentos de mi vida tenía el control, pero lo único que me controlaba era la esclavitud al porno. Lo triste del asunto es que aún no puedo convencer a mis hijos de que fue la esclavitud la que me hizo estar tan irritable todo el tiempo."

Cada vez que escucho adictos al porno tratando de justificar su adicción el mensaje es, *"oh, me ayuda a relajarme"*. Por favor, solo toma el ejemplo del hijo de seis años que quería dormir en la cama de su papá después de haber tenido una pesadilla, pero cuyo padre se negó porque quería tener su sesión nocturna, porque quería *bailar alrededor de la línea roja* durante horas.

He aquí otra analogía sobre fumadores; hace un par de años las autoridades de adopción amenazaron con impedir que los fumadores adoptaran niños. Un hombre llamó iracundo al departamento, *"están completamente equivocados"*, dijo, *"recuerdo que cuando era niño, si tenía un asunto que discutir con mi madre, esperaba a que encendiera un cigarrillo porque entonces estaba más relajada."* ¿Por qué el hombre no podía hablar con su madre cuando ella no estaba fumando un cigarrillo?

¿Por qué algunos usuarios están tan estresados cuando no están recibiendo su dosis, incluso después del sexo real? Incluso hay una historia en línea detallando a un hombre que trabajaba en el campo de la publicidad, teniendo la posibilidad de salir con parejas muy bellas; parejas libres para citas en cualquier momento. Pero que, sin embargo, perdió interés en llevarlas a cenar ya que el porno era mucho más fácil. No implicaba gastos de restaurante y no tenía ninguna posibilidad de recibir un "no" de su cita al final de una noche. ¿Por qué molestarse cuando su pequeño monstruo lo mantiene anhelando el esquema de bajo riesgo y alta recompensa al alcance de sus dedos al llegar a casa?

¿Por qué los no-usuarios pueden estar completamente relajados, entonces? ¿Por qué los usuarios no pueden relajarse sin ver porno por un día o dos? Solo busca algún post de cualquier usuario que haya tomado el juramento de abstinencia y notarás la severa lucha interna que tuvo contra las tentaciones. Claramente no está relajado en lo absoluto cuando ya no se le permite tener el "único placer" al que tenía "derecho" de disfrutar. Los usuarios no pueden estar relajados sin su dosis porque han olvidado lo que es estar completamente relajados. La pornografía se puede asemejar a una mosca que es atrapada en una planta carnívora — al inicio la mosca está comiendo el néctar, pero en alguna etapa imperceptible, la planta comenzará a comerse la mosca.

¿No es hora de que salgas de la planta?

6.5 Energía

La mayoría de los usuarios son conscientes de los efectos progresivos que la búsqueda por novedad y la escalada en géneros de pornografía tienen en sus sistemas sexuales y de recompensa cerebrales. Sin embargo, no son conscientes del efecto que tiene en su nivel de energía.

Una de las sutilezas de la trampa del porno es que los efectos que tiene sobre nosotros, tanto física como mentalmente, suceden tan gradual e imperceptiblemente que permanecemos inconscientes de ellos y en cambio consideramos los efectos de la abstinencia como algo normal. El efecto es similar al de los malos hábitos alimenticios: nos fijamos en las personas que tienen un sobrepeso grave y nos preguntamos cómo podrían haberse permitido llegar a ese estado. Pero supongamos que sucedió de la noche a la mañana, que te acostaste con los músculos delgados y ni un gramo de grasa en tu cuerpo, solo para despertar y encontrarte gordo, hinchado y panzón. En lugar de despertar sintiéndote completamente descansado y lleno de energía, te sientes miserable, letárgico y sin siquiera poder abrir los ojos del cansancio.

Serías presa del pánico, preguntándote qué terrible enfermedad habrás contraído de la noche a la mañana, y, sin embargo, la enfermedad es exactamente la misma. El hecho de que te haya llevado 20 años llegar es irrelevante. El porno es lo mismo, si fuera posible transferir inmediatamente tu mente y tu cuerpo para darte una comparación directa de cómo te sentirías al haber dejado el porno por solo tres semanas, eso es todo lo que se necesitaría para convencerte. Estarías preguntándote si realmente te sentirías así de bien, y te reducirías a preguntar: *"¿de verdad había caído tan bajo?"* No solo te sentirías más saludable y con más energía, sino que también con mucha más confianza y una mayor capacidad de concentración.

La falta de energía, el cansancio y todo lo relacionado se oculta muy bien bajo la alfombra, diciendo que son efectos de "envejecer". Amigos y colegas míos, que también viven estilos de vida sedentarios, complican aún más la desnormalización de este comportamiento. La creencia de que la energía es una prerrogativa exclusiva de los niños y adolescentes y de que la vejez comienza a partir de los veinte años es otro síntoma del lavado de cerebro.

Poco después de dejar el porno, los sentimientos de tener la mente "nublada" y el sentimiento de vergüenza desaparecerán. El punto es que con el porno siempre estás gastando tu energía y en ese proceso, manipulando la química de tu sistema límbico. A diferencia de dejar de fumar, donde el retorno de tu salud física y mental es gradual, dejar el porno te da excelentes resultados desde el primer día. Matar al "pequeño monstruo" y cerrar los toboganes de agua lleva un poco de tiempo, pero recuperar tu centro de recompensa no es como el lento deslizamiento hacia el pozo. E incluso, si estás pasando por el trauma de usar el MFV, cualquier ganancia de salud o energía opacará la depresión que estás atravesando. Desafortunadamente, no es posible que EasyPeasy te transfiera inmediatamente a tu mente en tres semanas, ¡pero tú sí puedes! Sabes instintivamente que lo que te dicen es correcto, ¡y todo lo que necesitas hacer es usar tu imaginación!

6.6 Las sesiones sociales nocturnas

Con el fin de controlar tu apetito, ¿comerías en casa antes de salir a un restaurante con amigos, o a una fiesta? Esto es lo que haces con las sesiones de porno antes de tus eventos sociales nocturnos, solo para llegar con un aspecto cansado y sin estar en tu mejor forma. Lo dejaré claro para ti — últimamente se han adoptado técnicas generales de ligue en algunos nichos de nuestra sociedad. Estas técnicas están hechas para tener la mejor oportunidad de ligar en eventos sociales de este tipo. Pero, y en caso de que decidas cortejar a una pareja esta noche, intentar ahogar tus mariposas con pornografía y sustancias solo empeorará el problema a la larga. A mí en lo personal, me gusta un poco de ansiedad para mantenerme enfocado y comprometido, cuando, por el contrario, el cansarte mental y físicamente con el orgasmo no va a ayudar.

Las sesiones sociales de pornografía son ocasionadas por dos o más de nuestras razones habituales para la búsqueda de placer o apoyo. Lógico, ya que las funciones sociales en su núcleo son estresantes y relajantes a la vez. Esto puede parecer una contradicción, pero cualquier forma de socialización puede ser estresante, incluso con amigos, donde solo quieres 'ser tú mismo' y estar completamente relajado. Hay muchas ocasiones en las que se tienen ambos factores presentes en un momento dado, toma el conducir como un ejemplo, ya que después de todo, tu vida está en juego. Es algo estresante; a la par de que necesitas de la mayor concentración necesaria durante períodos sostenidos de tiempo. No tienes que estar al tanto de estos factores, tu subconsciente ya está recibiendo el mensaje. Aunque hace falta verlo del otro lado de la moneda, ya que tu subconsciente sabe también que, al poder salir de ese horrible tráfico o al llegar, podrás llegar a casa para poder tener una relajante sesión en tu harem, cosa que solo agravará tu estrés y tu concentración.

Otro buen ejemplo es el ir a una primera cita: tu mente te arroja preguntas sobre la persona que estás a punto de conocer. Entonces, si tu entusiasmo comienza a desvanecerse al conocer a la persona en su máximo esplendor, empezarás a sentirte demasiado relajado, casi aburrido, solo para luego sentirte culpable por sentirte así. Y el *'tira y afloja'* ha comenzado: *"ok, quiero sexo o irme de aquí **LO ANTES POSIBLE**"*, mentalidad que tu pequeño monstruo te induce para poder tener tu sesión de porno después de la cita.

Incluso si la cita salió bien y horas después estás de vuelta en casa de tu cita, no importa qué es lo que hagas, no vas a estar satisfecho si tu único objetivo es la búsqueda del orgasmo. Hay otras veces en las que conduces a casa solo, con tu único pensamiento siendo tu harem en línea, en lugar de felicitarte por tus esfuerzos. Puedes apostar que alguien en esta posición tendrá una sesión al llegar a casa de todas formas. Y es a menudo después de noches como esta — aunado a despertar y sentir un vacío incómodo — cuando extrañamos los momentos en que contemplamos dejar el porno. Pensamos que la vida nunca será tan agradable de nuevo. De hecho, es el mismo principio en juego: las sesiones simplemente proporcionan alivio de los dolores de abstinencia, a veces con mucha más necesidad que en otras ocasiones, engrasando el tobogán de agua para la próxima vez que tengamos una señal externa.

Pongámoslo en claro: no es el porno ni los harems los que son especiales, sino la ocasión y cómo la sobrelleves. Una vez que la necesidad de ver porno es eliminada, tales ocasiones se vuelven más disfrutables, y las situaciones estresantes, menos estresantes.

LA SALIDA FÁCIL

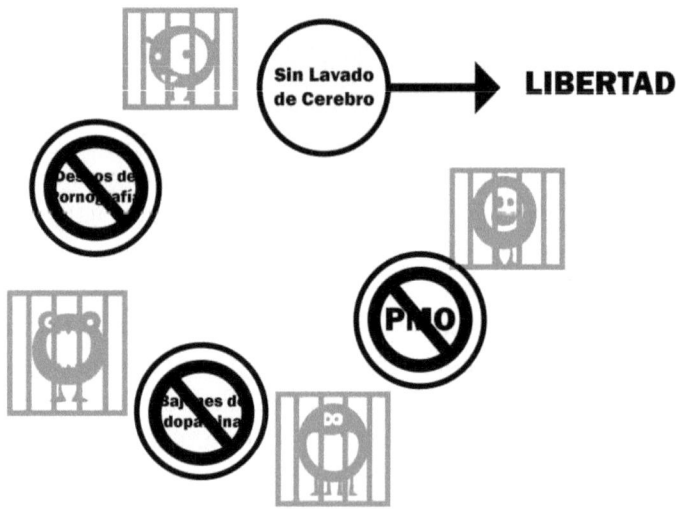

7 ¿A qué estoy renunciando?

¡A absolutamente a nada! Es difícil dejar el porno por el miedo a ser privados de nuestro placer o "apoyo", por el miedo a que ciertas situaciones placenteras nunca volverán a ser las mismas. Miedo a que serás incapaz de lidiar con situaciones estresantes. En otras palabras, es difícil de dejar el porno gracias al efecto del lavado de cerebro, engañándonos para creer que el sexo — y por lo tanto el orgasmo — es una necesidad para todas las personas. Más aun, también se debe a la creencia de que hay algo inherente en el porno que necesitamos, y que cuando dejemos de usarlo nos estaremos negando dicho apoyo a nosotros mismos, generando a su vez un vacío.

Hazte a la idea de una vez: **¡el porno no llena ningún vacío, *crea un vacío*!**

Nuestros cuerpos son los objetos más sofisticados del planeta. Así creas en el diseño inteligente, en la selección natural, o en una combinación de ambos conceptos, ¡nuestros cuerpos son miles de veces más efectivos que el hombre en sí mismo! Somos incapaces de crear con nuestras propias manos la más pequeña célula viviente, o los milagros de la vista, la reproducción y alguno de los varios sistemas entrelazados presentes en nuestros cuerpos o cerebros. Si nuestro creador hubiera tenido la intención de que manejáramos un estímulo supranormal como lo es el porno, nos habría proporcionado entonces un sistema de recompensa diferente en nuestro sistema nervioso. Nuestros cuerpos están provistos con mecanismos de alarma a prueba de fallos, y como empedernidos usuarios que somos, los ignoramos bajo nuestro propio riesgo...

7.1 No hay nada a lo que renunciar

Una vez que purgues ese pequeño monstruo de tu cuerpo y el lavado de cerebro (el gran monstruo) de tu mente, ya no buscarás ni masturbarte con mucha frecuencia ni usar porno. Hay muchos hechos e incógnitas en cuanto a adicción al porno se refiere, con muchos en la comunidad médica sin tener el concepto ni la voluntad de cuestionar o determinar a alguien como un adicto al porno. Incluso, muchos de los síntomas del adicto están mal etiquetados bajo otras causas. Y no es que los usuarios sean generalmente gente estúpida — recuerda, es solo que son miserables sin el porno. Atrapados entre la espada y la pared, se abstienen y terminan sintiéndose miserables porque no pueden usar porno, o terminan sintiéndose culpables y despreciándose a sí mismos. Cuando tienen síntomas como dolor en la espalda baja o disfunción sexual, sus mentes se dividen entre aceptar la responsabilidad o mirar a otra parte.

Otra analogía de fumador: todos hemos visto fumadores que desarrollan excusas para escabullirse por una *calada* y vemos la verdadera adicción en acción. Los adictos no hacen esto por placer, en cambio lo hacen porque son miserables sin ello.

Para muchos su primera experiencia sexual terminó en un orgasmo, y así adquirieron la creencia de que no se puede disfrutar del sexo sin uno. Para los hombres, el porno es vendido como un aditamento al sexo, a veces incluso como una forma de educarlos para entrar en confianza durante el acto. Cosa que no cobra sentido, ya que condicionarse a este estímulo supranormal solo hará que tu confianza sea reducida.

No solo tienes nada que perder, sino que también tienes muchos beneficios a obtener. Cuando los usuarios contemplan dejarlo, tienden a concentrarse en aspectos de salud y virilidad. Estas son razones válidas e importantes, pero personalmente creo que los mayores beneficios son psicológicos:

- El regreso de tu confianza y coraje.

- Libertad de la esclavitud.

- No más horribles sombras detrás de tu mente, y no más desprecio hacia ti mismo.

7.2 Oh, el vacío, el vacío, ¡el hermoso vacío!

Imagina que tienes un herpes en el rostro, así que vas a la farmacia y te dan un ungüento gratis para que lo pruebes. Te pones el ungüento y el herpes desaparece de inmediato. Una semana después reaparece, así que vuelves a la farmacia preguntando si tiene más ungüento. El farmacéutico dice "claro, solo conserva el tubo, puede que lo necesites luego".

Aplicas el ungüento y *presto*, el herpes desaparece de nuevo. Pero cada vez que regresa el herpes, se vuelve más grande y doloroso, con los intervalos en que aparece siendo cada vez más y más cortos. Eventualmente, el herpes cubre todo tu rostro y es extremadamente doloroso, y está regresando cada media hora. Sabes que el ungüento lo removerá temporalmente, pero estás muy preocupado. ¿Se esparcirá eventualmente en todo tu cuerpo? ¿Desaparecerá el intervalo por completo? Vas con tu doctor y resulta que no puede curarlo, así que intentas otras cosas, pero nada ayuda además del ungüento.

Para entonces ya eres completamente dependiente del ungüento, nunca sales sin estar seguro de que lo llevas contigo. Si sales por varios días, te aseguras de llevar varios tubos contigo. Además de la preocupación por tu salud, el farmacéutico te está cobrando cien dólares el tubo. Y no tienes más opción que pagar.

Sin embargo, de casualidad te topas con un artículo discutiendo esto y descubres que no te está pasando solo a ti. Mucha más gente sufre el mismo problema. De hecho, la comunidad médica ha descubierto que el ungüento no cura el herpes, sino que solo desaparece el herpes de la superficie de la piel. Es el ungüento lo que causó el crecimiento del herpes, así que todo lo que tienes que hacer para deshacerte del herpes es dejar de usar el ungüento, y el herpes desaparecerá con el tiempo.

¿Seguirías usando el ungüento? ¿Tomaría fuerza de voluntad no usar el ungüento? Si no creyeras lo que dice el artículo puede que habría algunos días de aprehensión, pero una vez te des cuenta de que el herpes comienza a mejorar, la necesidad o deseo de usar el ungüento se irá. ¿Serás miserable? ¡Claro que no lo serás! Tenías un problema que creíste era incurable pero ahora has encontrado la solución. Incluso si tomara un año en que se fuera el herpes, cada día que mejorara pensarías en cuán maravilloso te sientes. Esta es la magia de dejar el porno.

El herpes no son los dolores corporales, la falta de deseo, disminución de la excitación sexual, el perder el tiempo en imágenes bidimensionales y menospreciando a la gente que te descubrió o peor aún, menospreciándote a ti mismo. Todos estos síntomas son adicionales al herpes.

El herpes nos hace cerrar nuestra mente a todas estas cosas. El herpes es ese sentimiento de pánico por buscar una dosis. Los que no consumen porno no sufren de ese sentimiento. Lo peor que podemos padecer como usuarios es ese miedo, y la mayor ganancia que podemos obtener es librarnos de ese miedo. Librarnos de ese miedo causado por tu primera sesión, el cual es posteriormente intensificado y causado por cada sesión subsecuente.

Algunos usuarios son "felices", cegados por su astuto y pequeño monstruo, continuando así en la misma pesadilla, poniendo falsos argumentos para tratar de justificar su estupidez.

¡Es tan agradable ser libre!

8 Ahorrando tu tiempo

Cuando los usuarios tratan de detenerse, las principales y usuales razones por las que quieren detenerse son por salud, religión y estigmas que tienen sus parejas, dado que tengan una. Y una parte del lavado de cerebro que el porno genera se basa en la absoluta esclavitud que te impone. El hombre ha luchado por siglos para abolir la esclavitud en varias partes del mundo — y, aun así, el usuario pasa su vida sufriendo de una esclavitud autoimpuesta. Son inconscientes de que cuando se les permite usar porno desean ser no-usuarios. Y de que el único momento en que el porno se vuelve preciado es cuando "tratamos" de limitarlo o abstenernos, o cuando la abstinencia nos es forzada.

No puedo dejar de repetirlo: el lavado de cerebro hace difícil dejar el porno, y entre más lo disipemos antes de iniciar, más fácil encontrarás alcanzar tu meta. Usuarios auto confesos, los cuales tampoco creen que el porno tenga un efecto negativo en su salud (disfunción eréctil inducida por el porno, hipofrontalidad, etc.) y que no sufren de una 'guerra mental' son normalmente gente joven, o solteros con una pareja sexual ocasional. En estos casos, normalmente la retroalimentación interna (y la idea de que ver porno no les cause daño) se pierde debido a la naturaleza de su juventud; sus vidas están demasiado ocupadas o es muy poca habitual como para ser observada y registrada.

Un buen argumento para convencer a un usuario joven es el tiempo que invierten, diciendo *"no puedo creer que no estés preocupado del tiempo que estás invirtiendo en porno"*. Generalmente sus ojos se encienden, sintiéndose en desventaja si son atacados en ámbitos de salud o de estigma social, pero justo a tiempo... *"oh, pero me puedo dar el lujo, son solo 'x' horas a la semana y creo que lo vale, es mi único vicio"*.

"Aun así, no puedo creer que no te preocupe. Supongamos que usas media hora diaria en promedio, que incluye el drenado físico de dopamina, por lo

cual estarías desperdiciando cerca de un día de trabajo entero, cada quincena. Estoy seguro de que coincides conmigo en que media hora diaria es un estimado bastante justo. ¿Pero has pensado cuánto tiempo desperdiciarás a lo largo de tu vida? ¿Qué haces en ese tiempo? ¿Consigues relaciones reales? No, tu estrella porno favorita no tiene simpatía por ti, y no la tendrá solo porque pases tanto tiempo en sus videos — ¡estas tirando tu tiempo a la basura! No solo eso, estás usando ese tiempo para arruinar tu salud física, destruir tus nervios y confianza, ¿y para qué? Una vida de esclavitud, dolor, melancolía y mal humor. Seguro que eso te preocupa, ¿verdad?"

Es aparente en este punto — especialmente con usuarios más jóvenes — que nunca lo consideraron una adicción de por vida. Ocasionalmente, ellos calculan el tiempo que desperdician en una semana y eso ya es bastante preocupante. Y muy ocasionalmente, y solo cuando piensan en parar, ellos estimarán cuánto desperdiciarán en un año, lo cual es alarmante — ¿pero en toda una vida? Impensable. Sin embargo, en un argumento así el usuario impulsivamente dirá *"puedo costearlo, es un tanto a la semana"* sacando una tanda de ases bajo la manga para convencerse a sí mismos.

¿Rechazarías una oferta de trabajo que te ofrece tu salario anual y que además te da un mes de descanso PAGADO al año? Cualquier persona firmaría sin pensarlo y se ocuparía en encontrar ofertas para vacacionar en lugares exóticos. Encontrar la manera de pasar ese tiempo sería el problema más grande que tendrían. Sin embargo, en toda discusión que he tenido con un usuario (y por favor ten en mente que no es alguien como tú que planea detenerse) nadie me ha aceptado esa oferta. ¿Por qué no?

A menudo, este usuario me contesta algo así como, *"mira, la verdad es que dinero no me hace falta ahora…"* Solo piensa en esas líneas y pregúntate porque no le preocupa. ¿Por qué en otros aspectos de tu vida tomarías ofertas ridículas para ahorrar unos dólares aquí y allá, pero cuando hablamos de tu adicción gastarías miles de horas matando tu felicidad?

Cualquier otra decisión que tomes en tu vida será el resultado de un proceso analítico, valorando ventajas y desventajas para llegar a una decisión racional. Puede que sea la decisión incorrecta, pero será el resultado de una deducción racional. Así pues, cuando cualquier usuario tantea las ventajas y desventajas de seguir usando porno, siempre llegará a la misma conclusión: "*¡DEJA DE USARLO! ¡ERES UN TONTO!*" Por lo tanto, podemos deducir que todos los usuarios lo están usando no porque ellos quieran o decidan, sino porque no pueden parar. Ellos **tienen que consumir porno**, y así lavarse el cerebro ellos mismos, manteniendo sus cabezas en la arena.

Los usuarios que desean parar deben de tener en mente que la situación solo empeorará exponencialmente. Más estudios están saliendo a la luz y más gente está hablando de los dañinos efectos del porno. Hoy, es gente no-relacionada a la medicina quien discute los efectos, y quien sabe; mañana quizá esté en la lista de diagnóstico de tu doctor. Atrás quedaron los días donde el usuario podía esconder sus 'bajones de ánimo' tras el estrés del trabajo, para posteriormente ser cuestionados por su pareja, quien estará preguntando por qué siempre está en su laptop a altas horas de la noche. Gracioso, el pobre usuario — ya sintiéndose miserable — ahora estará buscando que el suelo se lo trague.

Lo más extraño es que mucha gente pagaría buen dinero por una membresía en el gimnasio y entrenadores personales para hacer músculos y lucir esculpido, y algunos, en su imaginaria (y real) desesperación, incluso intentando tratamientos como aumentar sus niveles de testosterona, con dudables y peligrosos efectos secundarios. Y, de todas formas, hay bastante gente en este grupo que saben lo mucho que les beneficiaría detener una práctica que destruye sistemáticamente los sistemas de relajación de sus cerebros. ¿Por qué muchos no lo pueden ver así?

Esto es porque aún piensan con la mente de un usuario cuyo lavado de cerebro es demasiado fuerte. Limpia la arena de tus ojos por un momento. El porno es una reacción en cadena y una cadena de por vida, y si no rompes esta cadena seguirás como usuario por el resto de tus días. Calcula cuánto tiempo crees que pasarás en el porno por el resto de tu existencia. Obviamente la cantidad varía de persona a persona, pero asumamos que usaras un aprox. de un año y medio de horas de trabajo. Y ahora, imagina que habrá un boleto de lotería por un año y medio de tu salario debajo de tu alfombra el día de mañana. Estarías bailando de emoción, ¡así que empieza a bailar! ¡Estás a punto de recibir esos beneficios!

Ya, ya. Pero si crees que es una manera engorrosa de verlo, aún te estás engañando a ti mismo. Solo medita: ¿cuánto tiempo habrías ahorrado si nunca hubieras echado ese primer vistazo desde el principio?

Pronto, estarás tomando la decisión de tener tu última sesión (aún no, ¡por favor recuerda las instrucciones!), manteniéndote como un no-usuario al no caer en la trampa de nuevo. Todo lo que tienes que hacer para mantenerte como no-usuario es no usar porno y evitar el 'echar una miradita'. Recuerda que, si lo haces, te costará cualquiera sea la ganancia de tu salario.

Si estás instruyendo a alguien por su adicción al porno, diles que conoces a un idiota que rechazó una oferta de trabajo que le daba su salario anual junto con un mes de descanso pagado. Y cuando pregunte quien es el idiota, dile, "¡TÚ, TÚ ERES EL IDIOTA!" Es maleducado, pero a veces necesitas llegar al punto de una manera menos amable.

9 Salud

Esta es el área donde el lavado de cerebro es más fuerte con los usuarios — particularmente con los más jóvenes y las personas solteras — quienes creen que están conscientes de los riesgos de salud, sin estarlo realmente. Muchos se engañan a sí mismos diciendo que están preparados para aceptar las consecuencias. Pero si tu router de internet tuviera una alarma que sonará cada vez que entraras a un sitio pornográfico, y dijera *"advertencia — te has salido con la tuya hasta ahora, pero si te quedas un minuto más en ese sitio tu cabeza explotará"*, ¿te hubieras quedado? Si estás dudando de tu respuesta, trata de buscar un acantilado, pararte en el borde con los ojos cerrados, e imaginar que tienes que tomar la decisión de dejar el porno o dar un paso adelante.

No hay duda sobre cuál decisión tomarías, pero no lograrás nada si solo *escondes tu cabeza en la arena*, esperando que despiertes una mañana sin querer ver porno nunca más. Los usuarios no pueden permitirse a sí mismos pensar en los riesgos de salud, porque si lo hacen el disfrute ilusorio de su adicción desaparecería. Esto explica por qué las terapias de shock son ineficaces en las primeras etapas para dejar el porno, ya que solo son los no-usuarios los que se pueden permitir leer acerca de los destructivos daños cerebrales.

Toma como ejemplo esta conversación, típica con los usuarios más jóvenes:

Yo: *"¿Por qué quieres dejar el porno?"*
Usuario: *"Leí en el blog de un 'artista de ligue' que es bueno dejarlo por unos días para poder mejorar la confianza en mí mismo."*
Yo: *"¿Entonces no te preocupan los riesgos de salud?"*
Usuario: *"No. La verdad es que me da igual si un autobús me atropella mañana."*

Yo: *"Ok... ¿pero dejarías que un autobús te atropelle deliberadamente?"*
Usuario: *"Claro que no."*
Yo: *"Volteas a los dos lados cuando cruzas la calle, ¿verdad?"*
Usuario: *"Obvio que sí."*

Exactamente. Los usuarios se esmeran tanto en no dejar que los atropelle un autobús, aun cuando las chances de que eso pase son de una en un millón. Y, sin embargo, se arriesgan ante la cercana certeza de ser lisiados por su adicción, cosa que parece pasar inadvertida para ellos. Es tanto el poder del lavado de cerebro, que el porno de internet pasa a ser un lobo con disfraz de oveja. ¿No te parece extraño que, si supiéramos que el avión al que nos vamos a subir tuviera una falla, no nos subiríamos a él — incluso cuando las chances de que pase algo son de una en un millón — y que, aun así, tomamos una certeza de uno-de-cada-cuatro al usar pornografía, siendo aparentemente inadvertidos a esta probabilidad? ¿Otra vez, qué es lo que el usuario obtiene de esto? **¡Absolutamente nada!**

Otro mito común es la depresión o el mal humor. Muchos jóvenes no se preocupan por su salud en general porque no sufren de depresión o melancolía de ningún tipo. La depresión o el estrés no son la enfermedad en sí, son síntomas. Los usuarios más jóvenes no sienten irritabilidad o depresión gracias a la habilidad natural de su cuerpo para poder crear dopamina constantemente. Pero a medida que crecen o sus vidas enfrentan severos contratiempos, sus ya usados recursos estarán sobrecargados, lo que los hará tener síntomas más severos. Cuando los usuarios más viejos se sienten más estresados, deprimidos o irritados de lo común, es porque sus mecanismos naturales, a prueba de toda falla, están protegiendo el sistema nervioso de una inundación excesiva de dopamina, cortando los receptores de dicha. Así, el usuario desarrolla otro tipo de cambios neurológicos que lo mantienen en el mismo carril de su adicción.

Trata de verlo de esta manera. Imagina que tienes un auto demasiado bueno, el cual dejas que con el tiempo se oxide sin hacer nada para evitarlo. Eso sería algo tonto, ¿no crees? Rápidamente se convertiría en un montón de óxido inamovible, incapaz de poder transportarte a ningún lado. Sin embargo, no sería el fin del mundo ya que solo es una cuestión de dinero. ¿Pero qué tal con tu cuerpo, el único vehículo que te lleva por la vida? Todos decimos que nuestra salud es nuestra mejor cualidad, pregúntale a cualquier millonario enfermo. Muchos de nosotros podemos mirar a un punto de nuestra vida, donde un accidente o enfermedad nos tenía rezando para poder recuperarnos. Siendo un usuario, no solo estás dejando que el óxido entre a tu cuerpo sin hacer nada, sino que también estás destruyendo el único vehículo que te puede llevar por la vida.

Date cuenta. No tienes que dejar que tu cuerpo se oxide, porque recuerda: el PMO no está haciendo absolutamente nada por ti. Saca tu cabeza de la arena por un momento y pregúntate: ¿a sabiendas de que tu próxima sesión iniciará un proceso que te haría completamente insensible a alguien a quien amas profundamente, tomarías el riesgo? Tomando de ejemplo a aquellos a los que les está sucediendo, ellos no pensaban que les pasaría tampoco, y lo peor de esto no es esta cruel enfermedad en sí, sino saber que se lo buscaron ellos mismos. Trata de imaginar cómo es que las personas que han podido presionar el botón mágico se sienten cuando el lavado de cerebro por fin acaba. Pasan el resto de sus vidas pensando: *"¿Por qué me engañé a mí mismo por tanto tiempo para pensar que necesitaba masturbarme? ¡Oh, si tuviera la oportunidad de regresar en el tiempo...!"*

Deja de engañarte, tienes esa oportunidad **ahora**. Es una reacción en cadena, si empiezas la próxima sesión, esta te guiará a la siguiente sesión, y a la que sigue. Esto ya está sucediendo. E EasyPeasy te prometió que no habría tratamiento de shock, así que, si ya has decidido que vas a parar, lo que sigue no será *shockeante* para ti. Si no lo has decidido aún, *sáltate el resto de este capítulo* y regresa cuando hayas acabado el resto del libro.

Volúmenes sobre volúmenes de investigación ya han sido escritos, los cuales hablan sobre el daño que causa la pornografía a nuestras vidas sexuales y nuestro bienestar general. El problema es que, hasta que deciden parar, los usuarios no quieren saber nada de esto. Los foros y grupos de mentores son una pérdida de tiempo porque el porno no quita la venda de nuestros ojos. Y si se llegan a leer inadvertidamente los riesgos, la primera cosa que un usuario hará será abrir su sitio de preferencia. Los usuarios tienden a pensar en la felicidad, el estrés y el sexo como una especie de juego de azar, similar a pisar una mina terrestre.

Entiende de una vez. Está sucediendo justo ahora. **Cada vez** que abres tu sitio pornográfico estás activando la inundación de dopamina y opioides en tu cerebro. Los toboganes de agua neuronales son engrasados y la bajada te lleva directamente a los siguientes pasos, con tu cerebro sabiendo perfectamente cómo hacerlo según el guion. El sistema nervioso ahora está repleto de dopamina y ya que es la enésima vez, los receptores de dopamina se cierran y el pequeño monstruo utiliza estos bajos niveles de placer y novedad como excusa para poder conducirte más allá de la línea roja — a géneros de porno o comportamientos más intensos para poder liberar más dopamina. Más novedad, más dopamina y el pequeño monstruo diciéndote que lo sigas alimentando. Tantos videos y tantas imágenes en una sola sesión desencadenan un estímulo supranormal, inyectando más químicos al cerebro y haciendo que sigas repitiendo este proceso.

Todo el tiempo, tus receptores están recibiendo información para apagarse en respuesta a la excesiva cantidad de estímulo. El orgasmo solo incrementa este efecto y te lleva a practicar la abstinencia. Sin embargo, negarte a estos efectos no inhibirá al pequeño monstruo, quien ansía su dosis sin remordimiento alguno. La amenaza de tener disfunción eréctil aterroriza a muchos, por lo cual bloquean esta idea de sus mentes y la opacan con el miedo de tener que dejar de ver porno o masturbarse. No es que el miedo sea muy grande, pero parar es inmediato e instantáneo. ¿Por qué verlo por el lado negativo? Quizá no desarrolles disfunción eréctil, y podrás dejar el porno para cuando pase de todas formas.

También tendemos a pensar en la pornografía como un juego de jalar la cuerda, por un lado, está el miedo: *"no es sano, es asqueroso y esclavizador".* Por el otro lado: *"es MI placer, mi amigo, mi apoyo".* Pero nunca se nos ocurre que este último lado también se trata de miedo. No es que disfrutemos del porno, es que tendemos a ser miserables sin él. Los adictos a la heroína, sin heroína son miserables, pero imagínate lo alegres que son cuando finalmente pueden inmersa una aguja en sus venas y terminan con esa terrible ansia. Trata de imaginar cómo es que alguien puede creer que realmente obtiene placer de introducir una jeringa hipodérmica en sus venas. Los no-adictos a la heroína no sufren de este sentimiento de pánico, y la heroína no lo alivia, lo causa.

Los no-usuarios no se sienten miserables si no se les permite usar porno — son solo los usuarios los que sufren de ese sentimiento. Y el porno de internet no alivia este sentimiento, lo causa. El miedo a las consecuencias negativas no ayuda a los usuarios a dejarlo, solo hace que asimilen este sentimiento con el de caminar en un campo minado. Si te sales con la tuya, está bien, pero si hoy no tuvieras la misma suerte ya habrías pisado una mina y enfrentado las consecuencias. Y si hubieras sabido de los riesgos y estuvieras preparado para asumirlos, ¿de quién más sería la culpa? Los adictos en este estado típicamente desarrollan este tipo de tácticas evasivas:

"Eventualmente envejecerás y perderás tu destreza sexual de todas formas..."

Claro que la perderás, pero la destreza sexual no es el punto focal en este caso — hablamos de esclavitud aquí.

"La calidad de vida es más importante que solo vivir."

¡Precisamente! ¿Estás sugiriendo que la calidad de vida de un adicto es mejor que la de un no-adicto? ¿En serio crees que es así? Una vida basada en esconder la cabeza en la arena y ser miserable no suena placentera.

"Estoy soltero y no planeo asentarme con nadie en el futuro, así que, ¿por qué no?"

Incluso si eso fuera cierto, ¿es una razón lógica para jugar con los mecanismos de control de los impulsos neuronales de tu cerebro? ¿Acaso puedes concebir a alguien tan estúpido para hacer *bailes eróticos desnudo* cuando está a solas, a pesar de cuán seguro está de que nadie está viendo? **¡Eso es justo lo que un usuario de pornografía hace!**

El agotamiento excesivo de nuestros circuitos de recompensa con estimulación excesiva, y hacer que dichos circuitos no sean capaces de lidiar con el estrés normal que la vida nos ocasiona no ayuda a disfrutar de tu vida con vigor y entusiasmo. El porno y la masturbación han reemplazado el apetito sexual natural, como una barra de chocolate reemplazando comida real. Y para sorpresa de nadie, muchos doctores y psicólogos están relacionando varios problemas mentales inducidos por la pornografía a causas externas o enteramente psicológicas. La comunidad médica del *mainstream* ha concluido que el porno no ha sido científicamente probado como la causa de algunos de los problemas que los propios usuarios confesos han dicho que tienen, pero ya que admitir la inhabilidad sexual de uno en público es un evento demasiado vergonzoso, ¿por qué alguien haría eso a menos que estuviera demasiado consternado — encontrando la causa y eliminándola de su vida? Es lógico que no buscaríamos ayuda a menos que el problema sea demasiado grande, ¿no?

EasyPeasy te ayudará a deshacerte de la pornografía y convertirte en un ex-usuario feliz. Sin porno, masturbación usando pornografía, u orgasmos innecesarios. El único apoyo que podrías tener sería el toque, olor o esencia de tu pareja, en caso de tenerla. Como pan integral después de un bien desarrollado apetito, ya no querrás el jarabe de maíz con alto contenido de fructosa que el porno te ofrece. La evidencia es tan abrumadora que no necesitas de ninguna prueba; si martillo mi pulgar obvio que me duele, no necesito prueba de ello. El estrés al que te induce el porno tiene flujo en otros aspectos de tu vida, haciendo que muchos usuarios tengan que recurrir a drogas como los cigarros y el alcohol para poder lidiar con el estrés, y en algunas instancias incluso, considerar el suicidio.

El usuario también se hace ilusiones, como que los efectos del porno están exagerados. Cuando es todo lo contrario, ya que no hay duda de que el porno de internet es la mayor causa de disfunción eréctil y muchos otros problemas. ¿Cuántos divorcios crees que se han suscitado gracias al porno? No hay forma de saberlo, pero algunas búsquedas en foros de internet sugieren que el número de dichos divorcios está creciendo exponencialmente…

Hay un episodio de *Friends* donde los chicos, quienes estaban recibiendo porno gratuito continuamente en su televisión, empezaban a preguntarse por qué la chica que les llevaba la pizza no les preguntaba qué tenían en su 'gran cuarto'. Cuando eres adicto, proyectas de forma invariable tus fantasías en mujeres reales. Imagina lo que una exposición descuidada o accidental a los lados más oscuros del porno de internet podrían causarle a una persona que ya de por sí se encuentra en un punto de inflexión en su vida. Luchar contra estos pensamientos inducidos por el porno será una forma muy grande de drenar su salud mental.

Aquí hay otro experimento: digamos que alguien viene hacia ti y dice que no necesariamente quiere tener un orgasmo, pero que realmente quiere tener sexo contigo, incluso tener una penetración. Quiere hacerlo por cuanto tiempo puedas y lo más que puedas hacerlo sin tener un orgasmo — aunque en caso de tenerlo, tampoco habría problema. Permíteme asegurarte que esta sería una experiencia sexual nueva y fenomenal, mil veces mejor que cualquier otra allá afuera. Que, por cierto, si te dan ese tipo de oferta, dale una oportunidad.

Pero te recuerdo, los efectos del lavado de cerebro nos hacen tender a pensar como aquel hombre que, al caer por un edificio de cien pisos, y mientras pasa por el piso cincuenta, es citado diciendo: "*¡tan lejos, tan bien!*" Pensamos que, ya que nos hemos salido con la nuestra por tanto tiempo, una sesión más no hará mucha diferencia. Velo de otra forma, el 'hábito' es una cadena continua de por vida, con cada sesión creando una necesidad por la siguiente. Cuando empiezas el hábito, enciendes una chispa en la mecha de una bomba. El problema es que *no sabes por cuánto tiempo más estará encendida.* Y cada sesión que tienes te acerca más a la explosión de esta bomba. **¿CÓMO SABES QUE LA PRÓXIMA VEZ NO EXPLOTARÁ?**

9.1 Siniestras sombras negras

A los usuarios les resulta muy difícil creer que la pornografía realmente causa esos sentimientos de inseguridad al salir de casa, después de un día contencioso en el hogar o en el trabajo. Los no-usuarios no sufren de estos sentimientos, es el porno el que causa esos sentimientos.

Otra de las grandes ventajas de dejar la pornografía es el poder librarnos de estas siniestras sombras negras en la parte trasera de nuestras mentes. Todos los usuarios saben que son tontos consigo mismos al cerrar sus mentes ante los enfermizos efectos del porno. Durante la mayor parte de nuestras vidas es algo automático, pero estas sombras siempre están acechando nuestras mentes subconscientes, por debajo de la superficie. Varios de los maravillosos beneficios de dejar el porno son conscientes, como lo son el dejar de perder el tiempo o la pura estupidez de dejar de hacerle el amor a una imagen bidimensional.

Los últimos capítulos de este libro se encargan de dar una idea sobre las múltiples ventajas de ser un no-usuario, pero en aras de la equidad, es necesario nivelar la balanza. Así pues, la próxima página enlista las múltiples ventajas de ser un usuario; las ventajas de consumir pornografía.

10 Ventajas de ser un usuario de pornografía

11 El método de la fuerza de voluntad

La sociedad ya ha aceptado el hecho (o en este caso, la falacia) de que es muy difícil dejar de ver porno. Hay varios libros y foros que te aconsejan sobre cómo parar, recursos que generalmente comienzan diciéndote lo difícil que es. Pero la verdad es que es ridículamente fácil. Entiendo que llegues a cuestionar esta afirmación, pero considera esto primero. Correr un kilómetro y medio en cuatro minutos es difícil, y tendrías que pasar años de duro entrenamiento para conseguirlo. E incluso entonces puede que no tengas la capacidad física para hacerlo.

Sin embargo, todo lo que tienes que hacer para dejar el porno es dejar de verlo y/o no masturbarte más. Nadie te obliga a masturbarte (aparte de ti mismo) y, a diferencia de la comida o el agua, no es necesario para sobrevivir. Así que, si quieres dejar de hacerlo, ¿por qué debería de ser difícil? De hecho, no lo es. Son los usuarios los que se lo dificultan a sí mismos mediante el uso de la fuerza de voluntad o cualquier otro método que los obligue a sentir que están haciendo algún tipo de sacrificio. Vamos pues a considerar estos métodos.

Nadie decide convertirse en usuario, solo 'experimentamos' con revistas o sitios de porno. Y ya que (dejando de lado nuestro clip favorito) dicho material es horrible (sí, horrible), estamos convencidos de que podemos parar cuando nos plazca. Al principio, vemos esos primeros clips 'buenos' cuando queremos y/o en ocasiones especiales. Y antes de que nos demos cuenta, no solo estamos visitando estos sitios regularmente y masturbándonos cuando queremos — nos masturbamos con ellos diariamente. El porno se ha convertido en parte de nuestras vidas, haciendo que nos aseguremos de que haya conexión a internet donde quiera que vayamos. Empezamos a creer que tenemos derecho al amor, al sexo, al orgasmo y a todas las propiedades del porno que alivian el estrés. Pero nunca caemos en cuenta de que el mismo clip y los mismos actores dejaron de proporcionar el mismo grado de excitación hace mucho, por lo que empezamos a luchar subconscientemente contra la línea roja para evitar el "porno malo". Solo recuerda que, de hecho, la masturbación y el porno no mejoran nuestras vidas sexuales ni reducen el estrés, sino que más bien nos adecuan a creer que no podemos disfrutar de nuestras vidas ni manejar el estrés sin un orgasmo.

Por lo general, toma mucho tiempo darse cuenta de que estamos enganchados porque tenemos la ilusión de que los usuarios ven porno porque les gusta — y no porque lo *necesiten*. Cuando no estamos "disfrutando" del porno que vemos (cosa que nunca podemos hacer a menos que no se añada novedad o valores de shock al video en sí, o que no escalemos en tipos de géneros), caemos bajo la ilusión de que podemos parar cuando queramos. Esta es una trampa de confianza: *"no me gusta el porno, así que puedo parar cuando quiera"*. Una trampa extraña, ya que parece que nunca quieres parar.

No es hasta que intentamos detenernos que nos damos cuenta de que existe un problema. Los primeros intentos suelen ser prematuros — empiezan gracias a que conociste una nueva pareja y notaste que no es "lo suficiente" después de su primera cita, entre otros casos. Otra razón común es notar algún efecto extraño en nuestra salud.

Sea cual sea la razón, el usuario siempre espera una situación estresante, ya sea de salud o de sexo, para dejarlo. Tan pronto se detiene, el pequeño monstruo empieza a saciar su dosis. Es entonces cuando el usuario empieza a buscar algo que pueda bombear dopamina a su cerebro de nuevo, sean cigarrillos, alcohol, o su favorito — el porno de internet. Empieza a desear de nuevo su harem, el cual se encuentra a solo un clic de distancia. Ya no tienes que bajar al sótano por una revista; es virtual y accesible desde cualquier lugar. Sin embargo, es cuando su pareja o amigos están cerca, donde ya no tienen acceso a su harem virtual, lo que los hace sentirse aún más angustiados.

Además, si el usuario llega a toparse con material de índole científico o con comunidades en línea, empezará un juego de jalar la cuerda en su cabeza, resistiendo las tentaciones de un lado y sintiéndose privado del otro. A su vez, su forma de aliviar el estrés ya no está disponible, por lo que sufre de un golpe triple. El posible resultado después de este período de tortura es que se comprometa consigo mismo, y diga: *"lo voy a reducir"* o *"he elegido el momento equivocado"* o quizás *"esperaré a que el estrés se haya ido de mi vida"*. Sin embargo, una vez que el estrés se ha ido de su vida, no hay razón para dejar el porno, por lo que el usuario decide posponer su intento de dejarlo hasta el próximo período de estrés que tenga.

Aunque obvio, no existe un momento adecuado para dejarlo, porque la vida, para la mayoría de la gente, se vuelve más estresante con el pasar del tiempo. Dejamos la protección de nuestros padres, nos asentamos por fin en nuestros hogares, llegan las hipotecas, engendramos hijos y conseguimos trabajos que requieren de más responsabilidad, etc. Sin embargo, la vida del usuario no puede volverse menos estresante porque lo que realmente hace el porno es causar más estrés. Cuanto más rápido cruce la línea roja, el usuario se vuelve más angustiado y adquiere una mayor dependencia (ilusoria) al porno.

De hecho, eso de que la vida se vuelve más estresante es incluso una ilusión. Es el porno — o cualquier otro apoyo similar — el que crea esa ilusión. Esto se discutirá con más detalle más adelante, pero después de estos fracasos iniciales, el usuario suele empezar a confiar en la posibilidad de que un día se despierte y no quiera masturbarse o usar porno, etc. Esta esperanza normalmente se enciende con las historias que escuchan de otros ex-usuarios: *"no me lo tomé en serio hasta que desarrollé disfunción, entonces no quería ver más porno y dejé de masturbarme"*.

No te engañes, solo indaga a fondo estos rumores y descubrirás que nunca son tan simples como aparentan. Por lo general, el usuario ya se había estado preparando para detenerse y simplemente utilizó ese 'incidente' como trampolín. Es normal encontrarse que, en el caso de las personas que se detienen *"así no más"*, sufrieron de un 'espanto' primero; tal vez los descubrió su pareja, tal vez encontraron que se excitaban mucho más con material que no correspondía con el de su orientación sexual, o quizá se espantaron al descubrir que sufrían de disfunción sexual. *"¡Oye, pero es justo el tipo de persona que soy!"* **Deja. De. Engañarte.** Hazlo claro en tu mente, no vas a dejar la pornografía a menos que **TÚ** te lo propongas.

Ahora, indaguemos con mayor detalle sobre por qué el MFV lo vuelve tan complicado. Durante la mayor parte de nuestras vidas adoptamos el enfoque de *"me detendré mañana"*. En momentos extraordinarios, algo va a desencadenar un intento de parar. Puede que sean preocupaciones sobre salud, sobre virilidad o por un rotundo autoanálisis, con el que nos damos cuenta de que en realidad no lo disfrutamos. Cualquiera que sea la razón, empezamos a considerar los pros y los contras del porno. El sexo está divido en tántrico (toque, olor, voz) y propagativo (orgasmo). **OJO**, esta es una de las claves principales para abrir nuestra mente. Sin esta importante distinción, habrá confusión, seguida de fracaso. Entonces, ya que evaluamos racionalmente estos detalles, descubrimos lo que hemos sabido toda nuestra vida, y llegamos a la misma conclusión de siempre: **"¡DEJAR DE VER PORNO!"**

Si te pusieras a contar las ventajas de dejar la pornografía, y las comparas con las ventajas de seguir consumiéndola, el conteo total de puntos para dejarlo superaría **con creces** cualquier "desventaja". Solo compáralo con la apuesta de Pascal, al dejarlo no estás perdiendo nada, tienes más posibilidades de ganar y más posibilidades de no perder a lo grande. Pero claro, aunque el usuario sabe que estará mejor siendo un no-usuario, la creencia de que está haciendo un sacrificio lo hace cuestionar bastante la decisión. Es una ilusión, pero una muy poderosa. No saben por qué, pero los usuarios tienen la creencia de que, durante los buenos y malos tiempos de la vida, las sesiones parecen ser de ayuda. Incluso antes de comenzar su intento, el lavado de cerebro social, reforzado por el lavado de cerebro de su propia adicción, se combina entonces con el lavado de cerebro más poderoso de todos, el que dicta lo difícil que es "renunciar a la pornografía".

Hay demasiadas historias sobre personas que han dejado la pornografía durante varios meses y que todavía anhelan desesperadamente una sesión; relatos de gente que renuncia al porno de forma infeliz, y que pasan el resto de sus vidas en descontento, anhelando poder tener una sesión. Te estoy hablando acerca de usuarios que se detienen durante muchos meses o años, que viven vidas felices y que terminan por echar un vistazo al porno, enganchándose de nuevo. Es probable que muchos de estos usuarios recaídos conozcan a varios usuarios que se encuentren en las etapas más avanzadas de esta enfermedad, visiblemente destruyéndose a sí mismos y claramente no disfrutando de la vida — pero es curioso cómo, aun así, lo siguen utilizando. Vaya, es incluso probable que estos usuarios recaídos hayan pasado por esta tortura.

Estos usuarios, en vez de empezar con una sensación de: *"¡Genial! ¿Has oído las noticias? ¡Ya no necesito ver porno!"*, empiezan con sentimientos de perdición y tristeza — como si trataran de escalar el Everest — creyendo erróneamente que una vez que el pequeño monstruo se engancha a ti, estás enganchado de por vida. Incluso, hay bastantes usuarios que comienzan este intento pidiendo disculpas a sus respectivas novias o esposas. *"Mira, estoy tratando de dejar el porno. Probablemente estaré irritable durante las próximas semanas, así que trata de tener un poco de paciencia conmigo."* Muchos de estos intentos están condenados a fracasar incluso antes de empezar.

Ahora, supongamos que el usuario sobrevive unos días sin tener una sesión, que están recuperando su excitación normal y están empezando a recuperarse. No han abierto sus sitios favoritos y consecuentemente, están experimentando dopamina por estímulos normales de los que previamente se habían perdido. Sin embargo, las razones por las que decidieron detenerse en primer lugar están desapareciendo rápidamente de sus mentes, como cuando ves un grave accidente de carretera mientras conduces. Quizá te haya retrasado por un tiempo, pero de todas formas pisas el acelerador a fondo y sigues con tu vida.

En la otra trinchera, está el pequeño monstruo, el cual todavía no ha sido alimentado. No hay dolor físico o algo similar a cuando empiezas a salir de un resfriado. No dejas de trabajar, ni te deprimes. Te alegras. Sin embargo, el usuario le da cabida en su mente, y todo lo que sabe es que quiere una sesión lo más pronto posible. El pequeño monstruo lo sabe también, por lo que pone en marcha el gran monstruo del lavado de cerebro, haciendo que la misma persona que unas horas o días antes estaba enumerando todas las razones para detenerse, ahora busque desesperadamente cualquier excusa para empezar de nuevo. El usuario empieza a decir cosas como:

- *"La vida es demasiado corta, podría estallar una bomba, o un autobús me puede atropellar mañana. Y, de todas formas, puedes generar una adicción a cualquier cosa hoy en día."*

- *"He elegido el momento equivocado."*

- *"Debí de haber esperado hasta después de Navidad / después de mis vacaciones / exámenes / este evento estresante en mi vida."*

- *"No puedo concentrarme. Me estoy poniendo irritable y de mal humor, y ni siquiera puedo hacer mi trabajo adecuadamente."*

- *"Mi familia y amigos no me quieren de todas formas. Acéptalo de una buena vez, por el bien de todos, tengo que empezar de nuevo. Soy un adicto al sexo y no hay manera de que vuelva a ser feliz sin un orgasmo."*

- *"Nadie puede sobrevivir sin sexo."* (Esto puede ser producto de la influencia de buenas personas que no conocen la diferencia entre el sexo tántrico y propagativo)

- *"Sabía que esto iba a pasar, ahora mi cerebro está 'desensibilizado' debido a mi consumo excesivo de pornografía en el pasado. La desensibilización 'nunca' podrá ser removida del cerebro."*

En esta etapa, el usuario suele ceder ante sus deseos. Enciende el navegador, y su esquizofrenia aumenta. Por un lado, se siente tremendamente aliviado de terminar con el antojo, después de que el pequeño monstruo finalmente consigue su dosis. Pero, por otro lado, el orgasmo se siente terrible y el usuario no puede entender por qué lo está haciendo. Es por esto por lo que el usuario piensa que carece de fuerza de voluntad, pero no es por falta de voluntad, todo lo que ha hecho es cambiar de opinión y tomar una decisión perfectamente racional usando la información que tiene a la mano.

"¿Cuál es el punto de ser saludable o rico si eres miserable?"

¡Absolutamente ninguno! Es mucho mejor tener una vida agradable y corta que una larga y miserable. Afortunadamente, esto no es así para el no-usuario, ya que su vida es infinitamente más agradable que la de un usuario. La miseria que sufre el usuario no se debe a los dolores de abstinencia — aunque al principio son estos los que desencadenan su miseria — la verdadera agonía reside en el *tira-y-afloja* mental causado por la duda y la incertidumbre. Debido a que el usuario comienza sintiendo que está haciendo un sacrificio, entonces empieza a sentirse privado, lo cual a su vez genera estrés.

Otro de los momentos más estresantes para los usuarios es cuando el cerebro les dice que *"tengan una miradita"*, haciendo que se quieran retractar de su decisión tan pronto como se detuvieron. Pero debido a que se detuvieron, no pueden tener esta 'miradita', cosa que los hace sentirse aún más deprimidos y que comiencen el ciclo de nuevo. Otro factor que hace tan difícil dejar el porno es esperar a que algo suceda. Si tu objetivo es aprobar un examen de conducción, tan pronto como lo hayas aprobado, ya has logrado tu objetivo. Pero bajo el MFV la narrativa interna es: *"si puedo pasar el tiempo suficiente sin ver pornografía, la necesidad de verla eventualmente desaparecerá"*. Puedes comprobarlo en foros en línea, donde los adictos hablan de sus rachas o días de abstinencia.

Como se ha dicho anteriormente, la agonía que sufre el usuario es mental y se debe a la incertidumbre. Aunque no hay dolor físico, esta incertidumbre tiene efectos poderosos. Ahora miserable e inseguro, el usuario está lejos de olvidar su adicción, lleno de dudas y temores:

- "¿Cuánto tiempo durará el anhelo por porno?"

- "¿Seré feliz otra vez?"

- "¿Podré levantarme de la cama en la mañana?"

- "¿Cómo voy a lidiar con el estrés en el futuro?"

El usuario está esperando que las cosas mejoren, pero mientras siguen deprimidos, su harem se está volviendo cada vez más preciado. De hecho, algo *está* sucediendo, pero inconscientemente. Si puede sobrevivir semanas sin abrir el navegador, el pequeño monstruo (el anhelo por dopamina) desaparecerá. Sin embargo, y como se dijo anteriormente, los dolores de abstinencia de dopamina y opioides son tan leves que el usuario ni siquiera es consciente de ellos. Durante ese período, muchos de los ya ex-usuarios sienten que lo han "dejado" por completo, y, por lo tanto, echan un vistazo para probárselo, enviándolos de vuelta por el tobogán de agua. Habiendo suministrado dopamina al cuerpo, ahora hay una pequeña voz en la parte trasera de su mente diciendo *"quieres otra"*. Claro que lo dejaron, pero volvieron a engancharse.

De niño solías ver dibujos animados, y según la neurociencia, formaste vías neuronales (DeltaFosB) para ellos. Si deseas disuadir a un niño de ver caricaturas, estudiarías si esas vías neuronales todavía existen, y le preguntarías a los adultos por qué ya no les gusta ver sus dibujos animados favoritos de la infancia. En primera, para un adulto, hay entretenimiento más interesante y vasto disponible, y, en segundo lugar, los dibujos animados simplemente dejaron de retener la misma magia en ti. Con el MFV solo le estás negando al niño la caricatura, pero con EasyPeasy también te estás asegurando de que no vea ningún valor en ella. Y dime, ¿cuál es mejor?

El usuario no suele entrar en otra sesión de inmediato, pensando, *"¡no quiero engancharme de nuevo!"* Así que permite que transcurran horas, días o incluso semanas antes de tener otra sesión. El entonces ex-usuario dice: *"bueno, no me enganché, así que puedo tener otra sesión con seguridad"*. Y bueno, ha vuelto a caer en la misma trampa que cuando empezó y ya está en la pendiente resbaladiza.

Los usuarios que tienen éxito con el MFV suelen encontrarlo largo y difícil porque el problema principal es el lavado de cerebro. Mucho después de que la adicción física haya muerto, el usuario sigue deprimido. Al final, después de sobrevivir a esta larga tortura, empiezan a darse cuenta de que no van a ceder, dejan de deprimirse y aceptan que la vida continúa y que es más agradable sin el porno. Hay muchos más fracasos que éxitos, y algunos de los que tienen éxito pasan por su vida en estado de vulnerabilidad, con una parte del lavado de cerebro que les dice que el porno, de hecho, les da un estímulo positivo. Esto explica por qué muchos usuarios que lo han dejado durante mucho tiempo vuelven a empezar más tarde.

Muchos ex-usuarios se regalan a sí mismos una 'sesión especial' de vez en cuando, o a veces se someten a una sesión para convencerse de lo fuerte que es su autocontrol. Eso es exactamente lo que hacen — pero en cuanto terminan la sesión, la dopamina empieza a desaparecer y una vocecita en el fondo de su mente empieza a empujarlos a tener otra. Si deciden participar, parece que todavía están bajo control, no se someten a ningún material shockeante, no escalan en géneros ni buscan algo novedoso, así que dicen: *"¡Maravilloso! Aunque no lo estoy disfrutando, no me voy a enganchar. Después de Navidad / estas vacaciones / este trauma, lo dejaré."* Poco saben ellos, que los toboganes de su cerebro se han engrasado aún más.

¡Demasiado tarde, ya están enganchados! La trampa de la que lograron salir con mucho esfuerzo se ha cobrado de nuevo su víctima.

Como se ha dicho anteriormente, el disfrute no entra en juego. Nunca lo ha hecho. Si viéramos porno para nuestro disfrute, nos quedaríamos en los sitios de porno más tiempo aun después de tener un orgasmo. En cualquier caso, una mejor manera de autocomplacerse es a partir de nuestros recuerdos. Asumimos que disfrutamos del porno en internet solo porque no podemos creer que seamos tan estúpidos como para volvernos adictos si no lo disfrutamos. La mayoría de los usuarios no tienen ni idea sobre estímulos supernormales, sobre la búsqueda de shock o de novedad, e incluso después de leer sobre los efectos, no creen que su uso esté motivado por el cableado de sus circuitos de recompensa. Por eso, gran parte del porno es subconsciente, si fueras consciente de los cambios neurológicos y tuvieras que justificar la cantidad de tiempo y dinero que perderás en el futuro, incluso la ilusión de disfrute desaparecería.

Cuando intentamos bloquear de nuestra mente el lado malo, nos sentimos estúpidos. Pero si tuviéramos que afrontarlo, ¡sería intolerable! Si pudieras observar a un usuario en acción, verías que solo es feliz cuando no es consciente de que está consumiendo. Una vez que es consciente, tiende a sentirse incómodos y a tener remordimiento. ¡El porno alimenta al pequeño monstruo, por lo que al purgarlo de tu cuerpo junto con el lavado de cerebro (el gran monstruo), no tendrás necesidad ni deseo de ver porno!

12 ¡Cuidado con reducir tu consumo!

Muchos usuarios recurren a la reducción como un paso anterior a dejar el porno, o como un intento por controlar al pequeño monstruo. Muchos incluso recomiendan la reducción o las "dietas pornográficas" como un alivio ante su lucha. Pero utilizar la reducción como paso previo para dejar el porno es *fatal*. Son estos intentos de reducción los que nos mantienen en la trampa durante el resto de nuestras vidas. Y por lo general, reducir tu consumo trae consigo una inminente derrota en todo intento por dejarlo. Tras varias horas o días de abstinencia, los usuarios dicen algo como:

"No puedo afrontar la idea de irme a dormir sin visitar mi harem, así que a partir de ahora solo consumiré porno una vez cada cuatro días o purgaré mi colección de 'porno malo'. Si puedo seguir esta dieta pornográfica, podré mantener mi consumo así de corto, o reducirlo aún más."

Solo para que les sucedan cosas terribles:

- Están atrapados entre lo peor de ambos mundos. Siguen siendo adictos a la pornografía en internet, mientras mantienen vivo al monstruo no solo en su cuerpo, sino en su mente.

- Se quedan a la espera de la siguiente sesión durante el resto de su vida.

- Anterior a reducir su consumo, cada vez que querían visitar su harem, encendían su navegador y aliviaban parcialmente sus dolores de abstinencia. Ahora, además de los tirones de la vida, se infligen a sí mismos los dolores de abstinencia, los cuales tendrán que sufrir durante la mayor parte de sus vidas, lo que los hace aún más miserables y malhumorados.

- Mientras seguían complaciéndose constantemente, no llegaban a disfrutar de la mayor parte de las sesiones, y tampoco se daban cuenta de que estaban utilizando estímulos supernormales. Se convirtió en algo automático, ya que la única visita al harem que se disfrutaba era una después de un período largo de abstinencia. Y ahora que esperan una hora más para cada visita al harem, "disfrutan" mucho más de cada una. Cuanto más tiempo se espera, más "agradable" parece ser cada sesión, ya que el "disfrute" de una sesión no radica en la sesión misma, sino el fin de la agitación causada por el deseo de tener una sesión. Cuanto más largo sea el sufrimiento, más "agradable" será cada sesión.

La principal dificultad para dejarlo no radica en la adicción neurológica, la cual es fácil de vencer. De hecho, los usuarios dejarán de hacerlo sin dificultad en varias ocasiones: la muerte de un ser querido, asuntos familiares o laborales, etc. Podrían pasar, digamos, diez días sin acceso y no los molestaría. Pero si pasaran los mismos diez días cuando podrían haber tenido acceso a su harem, ya se habrían arrancado todos los pelos de su cabeza.

Muchos usuarios incluso tendrán oportunidades para ver porno durante su jornada laboral y se abstendrán sin problema. Podrían pasar por un Victoria's Secret, a través de piscinas y demás sin mayor inconveniente. Se abstendrán si tienen que dormir en el sofá temporalmente para hacer espacio a una visita, o si ellos mismos están de visita. Incluso en los bares de *"tabledance"* o en las playas nudistas no ha habido problemas. El hecho es que los usuarios están casi encantados de que alguien o algo les diga que no pueden ver porno. De hecho, los usuarios que quieren dejarlo obtienen un placer secreto al pasar largos períodos sin visitas a su harem con este método, lo que les da la esperanza de que quizás algún día no quieran ver porno nunca más.

Pero el verdadero problema al dejar de consumirlo radica en el lavado de cerebro, en la ilusión de que el porno en internet es una especie de apoyo o recompensa y que la vida nunca será igual sin él. Lejos de alejarte de tu adicción, lo único que consigue la reducción es dejarte inseguro y miserable, convenciéndote de que lo más preciado en esta tierra es el nuevo video que te perdiste, y de que no hay forma de que vuelvas a ser feliz sin verlo.

No hay nada más patético que el usuario que intenta reducir su consumo. Sufriendo la ilusión de que cuanto menos porno vea, menos querrá visitar los sitios porno. Al contrario, cuanto menos porno vea, más longevos y fuertes serán los dolores de abstinencia que llegue a sufrir, y más "disfrutará" del alivio que le produce esa sesión especial. Sin embargo, al final se dará cuenta de que su género favorito ya no le gusta. Pero eso no lo detendrá, si los sitios porno se dedicaran a una sola estrella o género, ningún usuario iría más de una vez.

¿Difícil de creer? ¿Cuál es el peor momento de autocontrol que un usuario de dieta pornográfica siente? Esperar cuatro días para tener un orgasmo. Y ahora, ¿cuál es el momento más preciado para la mayoría de este tipo de usuarios? Así es, ¡el mismo orgasmo después de esperar cuatro días! ¿Realmente crees que te masturbas para disfrutar del orgasmo? ¿O por la explicación más racional — porque necesitas aliviar los dolores de abstinencia con la ilusión de que tienes derecho a ello?

Remover el lavado de cerebro es esencial para eliminar las ilusiones sobre el porno antes de extinguir tus deseos con esa última sesión. A menos que hayas eliminado la ilusión de que lo disfrutas antes de cerrar la ventana de incógnito, no hay manera de que puedas comprobar que no necesitas del porno sin volver a engancharte. Cuando pases a través de tu barra de marcadores y tu galería, pregúntate dónde está la gloria en hacerlo. Tal vez creas que solo ciertos videos son de buen gusto, como los géneros habituales o tus videos favoritos. Si es así, ¿por qué molestarse en ver otros videos o géneros entonces? ¿Solo porque adquiriste el hábito? Vamos, ¿por qué alguien habría de ensuciar su cerebro con porno de forma habitual, desperdiciando su capacidad cognitiva? Nada es diferente después de un mes. ¿Por qué debería ser diferente con un video porno?

Puedes probar esto tú mismo. Encuentra y ve ese increíble video que viste el mes pasado para probar que es diferente. Luego, establece un recordatorio y ve el mismo video después de un mes sin porno. Va a tocar (casi) los mismos puntos que tocó la vez pasada. El mismo video será diferente solo después de un evento social en el que seas rechazado o después de salir con una potencial pareja. La razón es que el adicto nunca podrá ser plenamente feliz si el pequeño monstruo permanece insatisfecho.

¿Dónde queda la satisfacción entonces? Los usuarios se sentirán miserables si no pueden aliviar sus síntomas de abstinencia. La diferencia entre ver o no ver porno es la diferencia entre ser feliz o miserable. Por eso el porno en internet parece ser mejor. Incluso los usuarios que entran en sus sitios a primera hora de la mañana para ver porno son miserables, tanto si lo ven como si no.

La reducción no solo no funciona, sino que es la peor forma de tortura. No funciona porque inicialmente el usuario espera que al reducir el hábito con el que ve porno, reduzca su deseo de ver porno. Pero no es un hábito, sino una adicción. Y la naturaleza de cualquier adicción es querer más y más, no menos y menos. Por lo tanto, para reducir su consumo, el usuario tiene que ejercer su fuerza de voluntad y su disciplina por el resto de su vida. Por lo que dejar de ver porno significa fuerza de voluntad y disciplina para siempre. Dejarlo de tajo es mucho más fácil y menos doloroso, y hay decenas de miles de casos en los que la reducción ha fracasado.

El problema de dejar el porno no es la adicción a la dopamina, que es fácil de sobrellevar. Es la creencia errónea de que el porno da placer, provocada inicialmente por el lavado de cerebro recibido antes de empezar a consumir, reforzado además por la adicción real. Lo único que hace la reducción es reforzar aún más la falacia, hasta el punto de que el porno domina sus vidas por completo y les convence de que lo más preciado del mundo es su adicción.

El puñado de casos que han tenido éxito con este método lo han conseguido gracias a un período relativamente corto de reducción, seguido de un largo y tortuoso período de abstinencia. Estos usuarios lo dejaron a pesar de la reducción, no a gracias a ella. Todo lo que hicieron fue prolongar la agonía, además de que sus intentos fallidos los dejaron destrozados por los nervios y aún más convencidos de que estaban enganchados de por vida. Esto suele ser suficiente para que vuelvan a su página favorita como recompensa o como un apoyo, o, mejor dicho, a empezar otro largo intento por dejar la pornografía por completo.

A pesar de todo esto, el recortar tu consumo ayuda a ilustrar la inutilidad del porno, ya que ilustra claramente que las visitas al harem no son tan agradables después de largos períodos de abstinencia. Todo lo que estás haciendo es golpear tu cabeza contra un muro de ladrillos (sufriendo dolores de abstinencia) solo para sentir el alivio por dejar de hacerlo. Por lo que al final, te quedas con estas opciones:

1. Recortar tu consumo de por vida (que de todos modos no podrás hacer) y sufrir una tortura autoimpuesta.

2. Torturarte cada vez más, hasta la muerte. Lo cual no tiene sentido.

3. O ser amable contigo mismo, y solo dejar de ver porno.

El otro aspecto que demuestra la reducción es que no existen las visitas ocasionales. El porno en internet es una reacción en cadena que durará el resto de tu vida, a menos que hagas un esfuerzo positivo por romperla.

Recuerda: recortar tu consumo solo te hará miserable, para siempre.

13 Es solo una "miradita"...

Tener "solo una miradita" es un mito que debes sacar de tu cabeza:

- Es *"solo una miradita"* la que nos hace iniciar en primer lugar.

- Es *"solo una miradita"* la cual usamos para levantarnos en una situación difícil o en una ocasión especial, lo que da por terminados nuestros intentos por dejar el porno, incluso antes de iniciar.

- Es *"solo una miradita"* la que, después de haber derrotado la adicción, nos hace volver a la trampa de nuevo.

Los efectos posteriores a la adicción al porno son horribles si no se detiene de la forma correcta, pero estos efectos convencerán de forma ilusoria al usuario de que no podrá engancharse de nuevo — sin embargo, y con esa *miradita*, ya es algo seguro, volverán a engancharse. El usuario siente que algo que lo hace sentir tan miserable y culpable no debería tener el poder de volver a hacer que se enganche, pero lo hace. ¿Por qué?

Es esa idea de tener 'una sesión especial' la que ocasionalmente previene a los usuarios de detenerse por completo. Esa sesión que tienes después de tu largo viaje de negocios, después de un duro día en el trabajo, de esa pelea con tus hijos, o de ese incidente donde tu pareja rechazó tener sexo contigo. Ten esto **firme** en tu mente, no hay tal cosa como 'solo una miradita'. Es una reacción en cadena que durará el resto de tu vida, a menos que la rompas. Es el mito de la sesión *inusual y especial* la que mantiene a los usuarios deprimidos después de detener su adicción. Así que, por favor, hazte ya el hábito de nunca ver este tipo de sesiones como algo 'menor' o especial. Es una fantasía. Cuando pienses en porno, solo verás una vida asquerosa que se basa en gastar eones detrás de una pantalla, solo para tener el privilegio de autodestruirte mental y físicamente — una vida de esclavitud. No es un crimen si tus erecciones no son cien-por-ciento fiables, pero sí lo es cuando decides sacrificar una vida de felicidad a largo plazo por una vida de placeres a corto plazo.

Está bien, es entendible que no se te ocurra nada que hacer para poder llenar ese vacío. Siendo realistas, no es algo que se pueda solucionar siempre y en cada instancia por el resto de nuestras vidas. Podemos planear algo para sobrellevarlo en su mayor parte, pero a veces simplemente sucede. Y recuerda que con o sin porno, habrá buenos y malos momentos. Pero tenlo por seguro en tu cabeza, llenar ese vacío con porno no es una solución viable. En esos momentos, considera que te encuentras en una encrucijada y puedes escoger ir hacia una vida llena de miseria, o simplemente no hacerlo. Quítate la venda de los ojos por un momento. ¿No soñarías con tomar puro y crudo cianuro solo porque te gusta el sabor a almendras, o sí? Así que deja de castigarte con la ilusoria, ocasional sesión 'especial'. Pregúntale a un usuario con problemas: *"si tuvieras la oportunidad de volver a un tiempo antes de engancharte, ¿volverías a hacerlo?"* Inevitablemente, la respuesta será y sigue siendo: *"¡debes estar bromeando!"* Curioso porque, aun así, cada usuario puede tomar esa decisión todos los días de sus vidas. ¿Por qué no optan por ella? La respuesta es el miedo. Miedo a que no pueden parar o miedo a que la vida no será igual sin el porno.

¡Deja de engañarte a ti mismo! Tú puedes hacerlo, cualquiera puede. Es ridículamente fácil, pero para poder hacerlo, hay ciertos fundamentos que aclarar primero:

- No hay nada que perder. Solo hay maravillosos beneficios.

- Nunca te engañes con esa sesión 'especial' o la idea de tener 'solo una miradita'. No existe. En el porno, solo existe una vida de inmundicia y esclavitud.

- Tú no eres un caso especial. Es fácil dejar el porno y cualquier usuario puede dejarlo fácilmente también.

Muchos usuarios creen que son fuertemente adictos, o que tienen personalidades adictivas. Usualmente, esto pasa como resultado de leer cantidades excesivas de artículos relacionados a los aspectos neurocientíficos del porno y las adicciones. Pero no existe tal cosa. Nadie nace con la necesidad de masturbarse con porno antes de engancharse. Es la droga la que te engancha, no la naturaleza de tu carácter o personalidad. Es la naturaleza de los estímulos supranormales la que te hace creer que es así. Por eso es esencial remover esta creencia, porque si crees que eres un adicto, lo serás, y lo seguirás siendo incluso después de que el pequeño monstruo de tu cuerpo haya muerto. Por eso es esencial remover todo este lavado de cerebro primero.

14 Los usuarios casuales

Los usuarios más frecuentes tienden a envidiar al usuario "casual". Ya sabes de cuál hablo: *"no me molesta pasar toda una semana sin tener una sesión"*. Esto puede ser difícil de creer, pero ningún usuario disfruta de ser un usuario. Nunca olvides que:

1. *Ningún usuario decidió convertirse en un usuario, en ningún tipo de usuario, por lo tanto*

2. *Todos los usuarios se sienten estúpidos, por lo tanto*

3. *Todos los usuarios tienen que mentirse a sí mismos y a los demás en un vano intento de justificar su estupidez.*

Los fanáticos del golf se jactan de la frecuencia con la que juegan y quieren jugar. Entonces, ¿por qué los usuarios se jactan de lo poco que se masturban? Si ese es el verdadero criterio por el que se miden, seguramente no masturbarse en absoluto es el mayor logro, ¿no es así?

Si alguien te dijera, *"puedo pasar toda la semana sin comer zanahorias y no me molesta en lo más mínimo"*, seguramente pensarías que estás hablando con un loco. ¿Si yo disfrutara de comer zanahorias, por qué querría pasar toda una semana sin ellas? ¿Y si no las disfrutara, por qué haría tal declaración? Cuando un usuario hace un comentario sobre *sobrevivir* una semana sin una sesión, está tratando de convencerse a sí mismo — y a ti — de que no tiene ningún problema. Pero no habría necesidad de hacer tal declaración si no tuviera un problema. Traducido, este comentario dice, *"me las arreglé para sobrevivir una semana entera sin porno"*. Como todo usuario, lo dicen con la esperanza de que, después de eso, puedan sobrevivir el resto de sus vidas. ¿Te imaginas lo preciosa que debe ser esa sesión, aquella que estos usuarios casuales tienen después de haberse sentido privados durante toda una semana?

Esta es la razón por la cual los usuarios casuales están mucho más enganchados que los más frecuentes. No solo es mayor la ilusión de placer, sino que tienen menos incentivos para dejar el porno debido a que pasan menos tiempo consumiéndolo y, por lo tanto, son menos vulnerables a los riesgos de salud. Ocasionalmente, pueden llegar a experimentar disfunción sexual, pero como no están seguros de por qué se origina, lo atribuyen a otros factores. Recuerda, el único placer que obtienen los usuarios se encuentra en la búsqueda de dopamina y el ciclo de abstinencia y alivio, como ya se ha explicado. El placer es una ilusión, solo imagina al pequeno monstruo como una comezón casi imperceptible de la que permanecemos inconscientes la mayor parte del tiempo.

Si tienes comezón, la tendencia natural es rascarte. A medida que los circuitos de recompensa se vuelven cada vez más inmunes a la dopamina y los opioides, la tendencia natural es que los usuarios lleven su orgasmo al borde, que escalen en géneros, empiecen a consumir más, busquen géneros y videos más nuevos e impactantes, etc. Sin embargo, hay cuatro factores principales que impiden que los usuarios empiecen a ver videos en cadena, que vean porno con más frecuencia, y que crucen la línea del *"usuario casual"* al frecuente:

- **Tiempo:** La mayoría no puede permitírselo. No tienen el tiempo.

- **Salud:** Para aliviar la comezón, tenemos que consumir todo el material gratuito disponible. Pero la capacidad para hacer frente a ese tipo de consumo varía con cada individuo, además depende de diferentes períodos y situaciones en sus vidas. Esto actúa como una restricción automática. Su cuerpo simplemente no aguanta toda la cantidad de contenido.

- **Disciplina:** Impuestas por la sociedad, el trabajo del usuario, amigos y/o familiares, tal vez incluso por el propio usuario como resultado del tira-y-afloja natural que ocurre en la mente de cada usuario. Su mente conoce los riesgos, así que se contiene.

- **Imaginación:** La falta de imaginación minimiza el impacto, la novedad y otros valores del video que se ve. Esto es subjetivo. El usuario simplemente no puede proyectarse en sus fantasías conforme al video y, por ende, su mente no valora al porno como un usuario frecuente.

Es fácil pensar en los usuarios *'no-casuales'* como débiles, incapaces de entender por qué otros pueden limitar su *'ingesta'*. Sin embargo, los usuarios frecuentes deben tener en cuenta que la mayoría de los usuarios casuales son simplemente incapaces de ver porno con tanta frecuencia, algo que requiere de mucha imaginación y resistencia. Algunos de estos usuarios que consumen una vez a la semana, aquellos que los usuarios más empedernidos tienden a envidiar, son físicamente incapaces de hacer más, o porque su trabajo, la sociedad o su propio a volverse adictos no se lo permiten.

Sería prudente proporcionar algunas definiciones:

El no-usuario:

Alguien que nunca ha caído presa a la trampa, pero que no debe ser complaciente. No se han vuelto usuarios solo porque tienen suerte o por la gracia de Dios. Todos los usuarios estaban convencidos de que nunca se engancharían. Incluso hay algunos no-usuarios que siguen teniendo una sesión de vez en cuando.

El usuario casual:

Del cual hay dos clasificaciones básicas:

- El usuario que ha caído en la trampa, pero no se ha dado cuenta — no envidies a estos usuarios. Simplemente están probando el néctar de la boca de la planta carnívora, y con todo el peso de la probabilidad, pronto serán usuarios frecuentes. Recuerda, así como todos los alcohólicos comenzaron como bebedores ocasionales, todos los usuarios comienzan de manera casual.

- El usuario que anteriormente era un usuario frecuente y que, por lo tanto, cree que no puede detener su consumo. Estos usuarios son los más tristes de todos y se dividen en varias categorías, las cuales requieren ser comentadas por separado:

El usuario de "una vez al día":

Si disfrutan de su derecho al orgasmo, ¿por qué hacen uso del porno solo una vez al día? Si pueden solo tomarlo o dejarlo, ¿por qué molestarse en lo absoluto? Recuerda, el 'hábito' es en realidad golpear tu cabeza contra una pared solo para sentir alivio al detenerte. Este usuario alivia sus dolores de abstinencia durante menos de una hora al día. Aunque sin saberlo, el resto del día lo pasa golpeando su cabeza contra una pared, haciendo esto durante la mayor parte de su vida. Lo consume una vez al día porque no puede arriesgarse a que lo atrapen, o a que su salud neurológica sea alterada. Es fácil convencer al usuario más empedernido de que no lo disfruta, pero es mucho más difícil convencer a uno casual. Cualquiera que haya intentado dejar la pornografía con su propia voluntad sabrá que es la peor tortura de todas, y hacerlo casi garantiza que te mantendrás como un adicto, por el resto de tu vida.

El usuario rechazado:

Este usuario exige su derecho al orgasmo, en todas sus formas, todos los días. Pero dado que su pareja sexual no siempre está feliz de cumplir con su petición, estos usuarios empiezan por usar pornografía para llenar este vacío. Sin embargo, al tomar este emocionante *'tobogán de agua'*, quedan atrapados en un ciclo de novedad, impacto, estímulos supranormales, etc. Lo más raro de todo es que están felices con el rechazo de su pareja, ya que proporciona una especie de excusa. Si la pornografía te hace más feliz que tu pareja, ¿por qué molestarte en tener siquiera una pareja? Esto los *'libera'* en su lugar. Hay ocasiones en las que buscan que su pareja les dé una excusa para aventurarse en los valles más oscuros de internet.

El usuario de la dieta de porno:

También conocido como: *"Puedo parar cuando quiera. ¡Lo he hecho miles de veces!"*

Si creen que hacer *dieta* los pone de humor para ligar, ¿entonces por qué siguen esa dieta una vez cada cuatro días? Nadie puede predecir el futuro. ¿Y si da la casualidad de que tu cita ocurra una hora después de tu sesión de porno programada? Además, si *'limpiar las tuberías'* de vez en cuando es bueno para aliviar la tensión, ¿por qué no limpiarlas todos los días? Se ha demostrado que la masturbación no es necesaria para mantener los genitales sanos, además de que la pornografía en internet no es necesaria en absoluto. Incluso si ese es el caso, ningún *'gurú'* o *'artista del ligue'* que haya leído sobre el daño neurológico recomendaría una sobreestimulación con porno. La verdad es que todavía están enganchados. Aunque se deshicieron de la adicción física, todavía les queda el problema principal: el lavado de cerebro. Cada sesión, estos usuarios de dieta esperan que, al finalizar, se detengan de una vez por todas. Pero pronto vuelven a caer en la misma trampa.

La mayoría de los usuarios envidian a este tipo de usuario, y piensan en la *"suerte"* que tienen para poder hacer dieta, y para controlar su uso. Sin embargo, pasan por alto que la persona que hace dieta no está controlando su consumo. Cuando lo están consumiendo, desearían no hacerlo. Pasan por el molesto proceso de detenerse, para luego comenzar a sentirse privados y caer en la trampa nuevamente, deseando no haberlo hecho. Obtienen lo peor de ambos mundos. Cuando uno lo analiza, esto es lo que viven los usuarios cada que tienen la oportunidad de tener una sesión — o sienten que se la merecen, o desean no merecerla. Es solo cuando uno se priva de su consumo, que la pornografía se vuelve preciada. El síndrome de la 'fruta prohibida' es uno de los terribles dilemas que experimentan todos los usuarios. Nunca llegan a escapar de la trampa porque están deprimidos por un mito, una ilusión. ¡Solo hay una forma en que pueden escapar, y es dejando de preocuparse y entristecerse por la pornografía!

El usuario que "solo ve porno estático/manso/casero":

Sí, todo el mundo hace esto al principio, ¿pero no es sorprendente cómo el valor promedio de impacto en este tipo de contenido parece aumentar rápidamente, y antes de que nos demos cuenta, nos empezamos a sentir privados (generamos tolerancia)? Al porno estático solo le hace falta un valor de novedad más grande, así que pagamos al gaitero por una porción de grasa y así nos deslizamos por el tobogán de agua, directito al ciclo de resentimiento y culpa. Lo peor que puedes hacer es usar las fotos de tu pareja (aun con su aprobación) para masturbarte. ¿Por qué? Porque en el proceso estás reconfigurando a tu cerebro para que se induzca en la liberación de dopamina, impulsada con la búsqueda y variedad. Químicamente, los toboganes de agua pornográficos en tu cerebro empiezan a acumular DeltaFosB, por lo que tendrás dificultades cuando estés con él/ella, en tiempo real.

La otra trampa que tiene esta categoría es la pornografía 'amateur' o 'casera'. La mayoría de este contenido es falso, planeado, y tú lo sabes. Además, no te detendrás a ver el primero que salte a la vista, sino que seguirás buscando, y buscando. Recuerda, no es solo el orgasmo lo que busca el cerebro. La novedad que experimentas durante la "caza" es lo que le da al tobogán de agua su chispa. El contenido pornográfico no es el problema, sea aficionado o profesional. Son los sofocos de dopamina en el cerebro que provocan la acumulación de tolerancia y saciedad. La pornografía destruye el funcionamiento normal del cerebro, la masturbación confunde a la respuesta músculo-cerebral, el orgasmo inunda el cerebro con opioides y hace que el camino sea más fácil de seguir la próxima vez. Empiezas a buscar más dopamina, más opioides, y la adicción encuentra camino más fácilmente.

El usuario que "ya se detuvo, pero que de vez en cuando se da el lujo":

En cierto modo, estos usuarios son los más patéticos de todos. O pasan toda su vida creyendo que están siendo privados, o como acostumbra el usuario, ese vistazo ocasional se prolonga más de lo habitual. Se van deslizando de a poco en poco en el tobogán pornográfico, para que tarde o temprano se conviertan en usuarios más frecuentes. Han vuelto a caer en la misma trampa en la que cayeron en primer lugar.

Hay otras dos categorías de usuarios casuales. El primero es el tipo de usuario que se masturba con imágenes o clips de las últimas cintas sexuales o "nudes" de celebridades que aparecen en las noticias, o algo que *"se llevaron a casa"* de su *"accidental"* descuido en la escuela o el trabajo. Estas personas en realidad no son usuarios, pero sienten que se están perdiendo algo. Quieren ser parte de la acción, y es así como la mayoría de nosotros comenzamos. Así pues, la próxima vez, trata de observar como aquella celebridad que tanto te encantaba simplemente pierde la magia. Cuanto más *'inalcanzable'* sea el objetivo de tu fantasía, más frustrante se vuelve la abstinencia al orgasmo.

La segunda categoría ha estado atrayendo más atención recientemente. Déjame explicarla con un caso compartido en línea.

Una mujer de profesión había estado leyendo historias pornográficas en internet durante muchos años. Solía consumir este contenido con una frecuencia de más o menos una vez por noche. Ella era una dama de voluntad muy fuerte. La mayoría de los usuarios se preguntaban por qué querría detenerse en primer lugar, señalando alegremente que no había riesgo de desarrollar disfunción de cualquier tipo en su caso (esto es falso). Ni siquiera estaba usando imágenes estáticas. Las historias eran mucho más "dóciles" que cualquier material que ellos mismos usaban a diario.

Cometen el error de suponer que los usuarios casuales son más felices y tienen más control. Pueden tener más control, pero ciertamente no son felices. En el caso de la mujer, no estaba satisfecha con su pareja ni con el sexo real, y el estrés y las tensiones diarias la irritaban mucho. Su más cercana y querida amiga no pudo entender qué le molestaba tanto. Incluso si racionalizaba su miedo por no consumir porno y trataba de tener encuentros sociales con gente real, se encontraba a sí misma incapaz de disfrutar dichas relaciones que, invariablemente, involucran altibajos. El centro de recompensas de su cerebro no podía hacer uso de los químicos desestresantes normales como resultado del derroche diario de dopamina. Esta regulación baja de los receptores de su cerebro la había vuelto melancólica en la mayoría de las circunstancias. Como todos, tenía un gran miedo al lado oscuro de la pornografía en línea, y al modo en que trataban a las mujeres en dicho contenido — al menos así fue antes de su primera vez. Eventualmente, fue víctima del lavado de cerebro social y probó su primer sitio. A diferencia de la mayoría de los que se enganchan a la primera y empiezan a ver videos en cadena — ella se resistió a seguir bajando por el tobogán, tan pronto como vio un video que se mostraba demasiado violento.

Lo único que disfrutas de consumir porno es terminar con el deseo que comenzó antes, ya sea el deseo físico casi imperceptible de tu cuerpo o la tortura mental de no poder rascarte la comezón. El porno en sí mismo es veneno, es por eso por lo que solo pareces disfrutar de la ilusión de placer tras varios días de abstinencia. De manera similar al hambre o la sed, cuanto más tiempo la sufras, mayor será el placer cuando finalmente se alivie. Al cometer el error de creer que la pornografía es solo un hábito, piensan: *"Si puedo mantener mi consumo en un nivel moderado o si solo lo uso en ocasiones especiales, mi cerebro y mi cuerpo podrán aceptar ese ritmo. Luego, puedo seguir consumiéndolo en esa frecuencia o reducirla aún más si así lo quiero."*

Hazte a la idea, el 'hábito' no existe. La pornografía es una droga adictiva, la tendencia natural de un adicto es aliviar los dolores de abstinencia, no soportarlos. Para mantener tu consumo en el nivel en el que te encuentras actualmente, sería necesario que ejercieras una enorme cantidad de disciplina y fuerza de voluntad por el resto de tu vida, a medida que el centro de recompensas de tu cerebro se vuelve inmune a la dopamina y los opioides, comienzas a querer más y más, no menos y menos.

Y a medida que la pornografía comienza a destruir gradualmente tu sistema nervioso, coraje, confianza y autocontrol, te vuelves cada vez más incapaz de evitar reducir el intervalo entre cada sesión. Es por eso que, en los primeros días, podemos tomarlo o dejarlo. Si recibimos una señal de que algo anda mal, mental o físicamente, simplemente nos detenemos. No envidies a esta mujer, cuando ves porno solo una vez cada veinticuatro horas parece ser la cosa más preciosa del mundo, convirtiendo la pornografía en una 'fruta prohibida'. Durante muchos años, esta pobre mujer había estado en el centro de un tira-y-afloja.

Se volvió incapaz de dejarlo, pero también la aterraba saltar de la lectura al video. Durante veintitrés horas y diez minutos de cada uno de esos días tuvo que luchar contra la tentación de inducirse en el tobogán, y la falta de sentimientos que tenía hacia su novio. Hizo falta una fuerza de voluntad tremenda para aguantar cómo lo hizo, hasta que finalmente la hizo llorar. Tales casos son raros, pero míralo lógicamente: o hay un placer genuino en la pornografía o no lo hay. Si lo hay, ¿quién quiere esperar una hora, un día o incluso una semana? ¿Por qué deberías estar privado del placer mientras tanto? Si no hay placer genuino, ¿por qué molestarte en visitar tu harem en línea, entonces?

Aquí hay otro caso. Un hombre de que veía porno una vez cada cuatro días. Describe su vida de la siguiente manera:

"Tengo cuarenta años. He sufrido DEIP (disfunción eréctil inducida por la pornografía) con mujeres reales e incluso cuando uso pornografía, que es la mayor parte del tiempo. Ha pasado un tiempo desde que tuve una erección completa. Antes de seguir la dieta pornográfica de "una-cada-cuatro", solía dormir profundamente durante la noche después de mi sesión. Ahora me despierto cada hora de la noche y es todo en lo que puedo pensar. Incluso cuando duermo, sueño con mis clips favoritos. Los días después de mi sesión programada me siento bastante deprimido, la dieta consume toda mi energía. Mi pareja me deja en paz debido a mi mal temperamento, y si no puede irse, no me deja entrar a la casa. Aun si salgo a correr afuera, mi mente no lo deja, está obsesionada con la pornografía.

 El día programado, empiezo a planificar mi sesión antes de que llegue la noche, y suelo irritarme mucho si sucede algo que no va con mis planes. Incluso, me retiraría de cualquier reunión, o saldría temprano de mi casa o trabajo solo para llevar a cabo mi plan (solo para luego arrepentirme). No soy un tipo que discuta mucho, pero no dejo que cualquier tema o conversación banal me detenga. Además, recuerdo ocasiones en las que buscaba peleas tontas con mi pareja solo para que me dejara en paz. Espero las diez de la noche, y cuando llega la hora indicada, mis manos empiezan a temblar incontrolablemente. No empiezo con el asunto de inmediato — en cada sesión que tengo, agregan contenido nuevo a la "tienda", así que me doy el lujo de vagar un poco para encontrar lo que quiero. Mi mente me dice que, dado que he pasado hambre durante cuatro días, merezco un clip "especial" que valga la pena el tiempo dedicado a buscar. Eventualmente me conformo con uno o dos videos, pero los dejo corriendo y prolongo el asunto para poder obtener el placer necesario para 'sobrevivir' durante los próximos cuatro días."

Además de sus otros problemas, este pobre hombre no tiene idea de que se está premiando a sí mismo con veneno. Primero, sufre el 'síndrome de la fruta prohibida' y luego obliga a su cerebro a derrochar dopamina. En comparación, sus receptores de dopamina no están tan reducidos, pero está engrasando los toboganes pornográficos, buscando novedad, variedad, conmoción y ansiedad para sobrevivir los próximos cuatro días. Probablemente te imagines a este hombre como un patético imbécil, pero no es así. Solo se trata de un atleta retirado y exsargento de la marina que no quería volverse adicto a ninguna cosa. Sin embargo, al regresar de la guerra, se formó como técnico de TI (tecnologías de información) en un programa de rehabilitación para veteranos.

Cuando ingresó a la fuerza laboral civil, ya era un profesional de TI bien pagado que trabajaba en un banco, donde le dieron una computadora portátil para llevar su trabajo a casa. Esto ocurrió el mismo año en que famosas de la alta sociedad 'filtraron' sus videos porno en línea y se habló mucho al respecto. Fue entonces cuando se enganchó. Firmó una sentencia para pasar el resto de su vida derrochando una cantidad excesiva de su tiempo y arruinarse física y mentalmente. Si fuera un bueno-para-nada, la sociedad lo habría sacado de su miseria hace mucho tiempo (sí, muy rudo), sin embargo, todavía permitimos que los jóvenes adolescentes, los seres con la mejor sanidad mental y física en el mundo, se enganchen. Puedes pensar que esta historia y las notas son exageradas, pero este caso — aunque extremo — está lejos de ser el único en su tipo. Hay decenas de miles de historias similares. ¿Qué tan seguro estás de que muchos de sus amigos y conocidos lo envidiaban por ser un hombre que consumía porno cada cuatro días? Si crees que esto no te puede pasar a ti, **deja de engañarte**.

YA ESTÁ PASANDO.

Al igual que otros adictos, los usuarios de pornografía son buenos mentirosos, incluso con ellos mismos. Tienen que ser así. La mayoría de los usuarios casuales se inducen en su placer muchas más veces y en muchas más ocasiones de las que admitirían. En muchas conversaciones con los llamados usuarios "dos-veces-por-semana", estos mismos admitirían que lo han hecho más de tres o cuatro veces esa semana. Métete al subreddit, *r/NoFap*, y trata de buscar aquellos posts sobre usuarios casuales publicados ahí. Descubrirás que, o están contando obsesivamente los días o están esperando fallar y dar una vuelta al tobogán. No necesitas envidiar a los usuarios casuales, tampoco necesitas ver pornografía, la vida es infinitamente más dulce sin ella. Analiza el siguiente post que encontré en *NoFap*:

"Comenzó como un simple desafío de no ajusticiar mi ganso por un día. Y a pesar de las fallas, ya no pienso en masturbarme, ni siquiera se me pasa por la cabeza. Eso es posible, te lo prometo. Las riquezas que esperan a aquellos que pueden lograrlo, son increíbles."

Los adolescentes son generalmente más difíciles de curar, no porque resulte más difícil detenerlos, sino porque no creen que estén enganchados o que estén en las etapas iniciales de la trampa. Generalmente sufren de la ilusión de que pueden detenerse cuando quieran antes de la segunda etapa.

Los padres de niños que detestan la pornografía en sí misma tampoco deberían sentirse tan seguros. Todos los niños detestan los lados oscuros de la pornografía antes de volverse adictos. En un momento, tú también lo hiciste. Tampoco te dejes engañar por campañas de miedo, la trampa es la misma de siempre. Los niños saben que la pornografía en internet es un estímulo supranormal, pero también saben que una 'visita' o 'miradita' tampoco los va a matar. En algún momento pueden ser influenciados por un amigo, un compañero de clase o de trabajo.

Por favor, no seas complaciente en este asunto. El fracaso de las sociedades para evitar que los adolescentes se vuelvan adictos a la pornografía en internet y otras drogas es quizás la faceta más perturbadora de esta adicción. Los cerebros jóvenes son significativamente más plásticos y moldeables, y es necesario educarlos y protegerlos. Si no estás seguro de por dónde empezar, hay muy buenos recursos como el libro *YourBrainOnPorn*, el cual te puede informar sobre el aspecto neurocientífico de la pornografía. Incluso si sospechas que tu hijo adolescente ya está enganchado, ese libro proporciona una comprensión fundamental para ayudar a alguien a escapar de la trampa. Si de lo contrario no puedes leerlo, ¡recomiéndale este libro!

15 El usuario de YouTube / Twitch / Instagram

Este tipo de usuario debería ser considerado como un usuario casual, pero los efectos de su hábito son tan insidiosos que amerita un capítulo entero dedicado a desglosar su estado. Solo toma la anécdota de este usuario del foro en línea 'NoFap', quien perdió el dominio de sí mismo y casi ocasiona una ruptura amorosa con su pareja:

"En uno de mis intentos fallidos por detenerme, solo pude abstenerme por unas 3 semanas, intento que a su vez fue incentivado por la preocupación de mi esposa en cuanto a mis erecciones nada fiables y mi falta de interés por tener sexo. Anterior a ello, solía decirle que no era ella, que solamente era la presión del trabajo. Pero una vez, ella me respondió: "Yo sé que has podido manejar la presión del trabajo anteriormente. ¿Pero cómo te sentirías si estuvieras en mi lugar, y tuvieras que observar a la persona que amas destruyéndose sistemáticamente?" Fue un argumento que encontré insoportable. Y por eso empecé ese intento de parar. Ella sabía que no le estaba siendo infiel, pero esto era peor que si lo fuera. El intento pues, duró 3 semanas, culminando en una acalorada discusión con un viejo amigo. No caí en cuenta hasta años después de que mi mente tortuosa deliberadamente ocasionó esa discusión. Me sentía justificadamente agravado por las cosas que me reprochaba, pero he llegado a la conclusión de que no fue una coincidencia, ya que nunca había discutido con este amigo en particular, y ni siquiera he peleado con él desde entonces. Era sin duda, el pequeño monstruo en acción.
A pesar de eso, tenía mi excusa. Necesitaba desesperadamente librarme de la tensión, y no sabía cómo. Mi esposa no estaba de buen humor así que sentí que 'estaba en mi derecho', y me convencí de que estaría bien si me "restringía" de entrar a sitios pornográficos y me quedaba en la "línea roja", mirando solamente videos de YouTube. Pero mi esposa terminó "viniendo a mí" al anochecer, y deseaba hacer el amor. Sin embargo, estaba cansado y sin 'combustible', así que me inventé un dolor de cabeza.

No soportaba pensar en la decepción que esto le causó a ella. Así pues, y gradualmente, regresé a las viejas andadas, pero esta vez con YouTube volviéndose mi nuevo destino como harem. Recuerdo que me complacía en su momento, pensando que al menos así reduciría mi consumo. Sin embargo, y eventualmente, mi esposa me empezó a acusar de seguir ignorándola en la cama. No lo había notado hasta entonces, pero ella describió las veces que había ocasionado una discusión y salía enfurecido de la casa. E incluso, en algunas ocasiones, las veces en que me tomaba dos horas para comprar un artículo sin importancia o fingía esguinces. Hacía excusas tontas para evitar excitar a mi pareja, cosa que, al no tener un harem en línea de confianza o un sitio porno, se hacía más complicado."

Y lo peor de este usuario es que apoya en su mente la falacia de que está siendo privado. Cosa que, simultáneamente, causa grandes pérdidas de respeto por sí mismo. Una persona honesta preferiría decepcionar a la persona que ama, en vez de seguir inventando excusas. Te ha pasado, quizá te siga pasando de alguna manera.

Los problemas que surgen con sitios como Twitch, Instagram, TikTok o Twitter (y la mayoría de las redes sociales) son impulsados en su mayoría por el concepto de suplementación. Impulsados por búsquedas de novedad y dopamina, los usuarios creen que están en un sitio seguro. Pero recuerda — la diversión está en la búsqueda, no en la ejecución, y al pequeño monstruo no le interesa de dónde viene su dosis. Para este usuario, el contenido 'suave' recibido en varios de sus feeds en línea le da un alivio fugaz de los síntomas de abstinencia, dejándolo enganchado y expectante de la próxima sesión.

La modelo en la imagen/video es sin duda hermosa, y si la tuvieras a tu lado ahora mismo de seguro podría darte placer, pero la imagen no puede. Simplemente no es real. Tu cerebro es engañado como un toro corriendo hacia una capa roja, sin entender después por qué lo hizo. Uno podría pensar que puedes mirar esas imágenes sin que surja en ti la necesidad de masturbarte. Pero recuerda que el cerebro está enganchado en la búsqueda por novedad ilimitada, y al pequeño monstruo no le interesa de dónde viene su dosis. Es la misma trampa.

Habrás visto alguna vez la serie de televisión 'Columbo', donde la temática de cada episodio es similar. El antagonista, siempre un hombre de negocios acaudalado y respetado ha cometido aquello de lo que está convencido que es el asesinato perfecto y la confianza en su crimen, permaneciendo intacta, aumenta cuando descubre que el desarropado y aparentemente nada impresionable 'Detective Columbo' está a cargo del caso.

Columbo tiene esta frustrante práctica de cerrar la puerta después de terminar su interrogatorio, asegurando al sospechoso de que está a salvo. Pero antes de que la mirada de insatisfacción desaparezca de la cara del asesino, Columbo reaparece, diciendo *"solo un detalle, señor, el cual estoy seguro de que me puede explicar..."* El sospechoso asesino empieza a tartamudear, sabiendo que, desde ese punto, Columbo lo va a descubrir. No importa qué tan atroz sea el crimen, es aquí donde un usuario como el de este apartado puede encontrar un poco de simpatía por el asesino.

Estos episodios de consumo son similares a la serie de Columbo: la tensión de no tener permitido cruzar la línea roja para tener la dosis de porno "justamente merecida", y luego preguntarse dónde está el placer después de terminar el acto. Aunado al miedo de cruzar la línea, perder el control y regresar a la cama, solo para ser acosado por el miedo de que tu pareja quiera tener sexo. Hazte a la idea, los videos "seguros" de YouTube no te pueden satisfacer debido a tu cerebro desensibilizado, la falta de novedad en esos videos, y la certeza de que tarde o temprano visitarás tu sitio porno favorito de nuevo. Y todo esto, solo para culminar en sentimientos de vergüenza y humillación, que se consiguen cuando esta certeza se convierte en un hecho; cuando regresas a tu racha de ver videos porno, uno tras otro.

¡OH, LAS VENTAJAS DE SER UN ADICTO!

16 ¿Un hábito social?

La salud mental y corpórea son las razones principales por las que *deberíamos* querer detenernos — aunque de hecho siempre lo han sido. En realidad, no necesitamos de investigaciones científicas o conocimientos en neurociencia para concluir que la pornografía es adictiva y que puede destruir nuestras vidas potencialmente. Nuestros cuerpos son los objetos más sofisticados del planeta, y cualquier usuario sabe, desde la primera sesión, que el estímulo puede ser excesivo y volverse venenoso.

La única razón por la cual nos involucramos más y más con el porno es por la sobreposición del ciclo de PMO con nuestra programación evolutiva. La pornografía en internet tiene alta disponibilidad, es gratis, y está en transmisión las veinticuatro horas del día. El porno era considerado inofensivo, pero eso era cuando las imágenes eran estáticas, y los videos se conseguían con un viaje a la tienda local, en cintas de VHS.

Hoy, está generalmente considerado — incluso por los mismos usuarios — que la pornografía es un estímulo supranormal y que forma una adicción. En los viejos tiempos, aquel hombre que se consideraba como alguien fuerte no admitía que se masturbaba, considerando a aquellos que sí lo admitían como un *'puñetero'*, de manera despectiva. Y en cada cantina, antro o bar, la mayoría de los hombres estarían orgullosamente buscando llevarse a una mujer a su casa para tener sexo. Pero hoy en día, la posición ha sido completamente volteada para el adicto al porno, y el hombre moderno empieza a sentir que no necesita de una mujer para satisfacer su necesidad sexual. Uniéndose con otros en línea, discute experiencias sexuales, inventa estrategias y explora opciones. Y como consecuencia, el hombre que hoy se considera como alguien fuerte no quiere depender de las drogas. Y gracias a la revolución social, todos los usuarios están pensando seriamente en dejar el porno y la masturbación.

Los usuarios de hoy en día consideran el porno una actividad dañina e inútil.

La tendencia más significativa, observada en foros en línea, es el creciente énfasis en los aspectos antisociales de la pornografía, revisitando los días en que un hombre presumía de tener sexo y orgasmos todos los días, los cuales están siendo lentamente reemplazados con la notoriedad de la esclavitud que impone el monstruo pornográfico.

La única razón por la cual la gente continúa viendo porno a pesar de saber lo esclavizante que es, es debido a que no han podido detenerse o están muy asustados para intentarlo. Hay un espectro muy amplio de interés en el tema, teniendo a algunos usuarios de un lado, absteniéndose completamente del porno, la masturbación y el orgasmo — con o sin parejas. Mientras que del otro lado, hay usuarios que se abstienen y prueban prácticas que separan las partes tántricas y propagativas del sexo como la retención del semen y *Karezza*, prácticas que son discutidas y adoptadas en manada. Muchos de los fracasos antes mencionados terminan siendo en realidad caídas hacia adelante, que benefician de cierta manera a la gente que pone en práctica los métodos ya mencionados. Una vez que inicies tu cruzada por evitar el PMO, encontrarás la mejor opción que se aplique a tu vida, por lo que se recomienda idear tu propio plan de orgasmos después de entender y practicar la separación sexual. Cualquiera que sea tu ruta, encontrarás valor en limitar el número de veces que sofocas tu cerebro con químicos a través del orgasmo, y sin ver de nuevo porno, también encontrarás valor en el sexo y el orgasmo, viéndolos como un placer o apoyo no para tu pequeño monstruo, sino para tu ser emocional.

Varias comunidades populares en línea fundadas por no-usuarios están dedicadas a dejar no solo la pornografía, sino también la masturbación. Estos sitios son últimamente benéficos para aquellos que están escapando, pero lamentablemente muchos artículos que comparten recomiendan probar el MFV. La consecuencia de esta obsesión con las rachas de abstinencia y otras medidas similares terminan siendo el autodesprecio y la falta de ánimo. Recuerda, mucho del lavado de cerebro sigue vivo y coleando. Y eventualmente, alguien *'se quebrará'* y un efecto dominó tomará lugar, mientras que muchos usuarios descubren que no son los únicos que desisten. Sin embargo, sus esfuerzos no son en vano, están cayendo hacia adelante, aunque con bastante auto tortura, ya que cerraban sus navegadores, pero no su deseo y necesidad de seguir consumiendo. Por fortuna para ti, EasyPeasy funciona de la manera contraria, apagando primero el deseo y la necesidad antes de cerrar el navegador. Cada día más y más usuarios dejan el barco hundiéndose y aquellos que se quedan temen ser los últimos.

¡NO PERMITAS QUE ESTE SEAS TÚ!

17 Escoger el momento adecuado

Descartando el hecho de que el porno no te está haciendo ningún bien y que el mejor momento para dejarlo es ahora, es de recalcar que debes hacerlo en el momento más adecuado. La sociedad de ahora ni siquiera se toma en serio la pornografía, tomándola como un hábito ligeramente desagradable el cual no destruye ni tu integridad física ni mental. Esto no es cierto, es una drogadicción, una enfermedad y un destructor de relaciones sociales. Lo peor que ha pasado en la vida de un usuario ha sido el haberse enganchado con esta horrible droga. Y sabemos que entre más enganchados se queden, peores cosas le pasan. Por lo tanto, dejarlo en el momento más adecuado es importante, así te das la oportunidad de obtener una *cura apropiada*.

Lo primero que tienes que hacer es identificar esas ocasiones en las que el porno parece ser tan importante para ti. Si eres una persona de negocios que lo utiliza para la ilusoria descarga de estrés — entonces debes escoger un período relativamente flojo, tranquilo, o algún período vacacional para dejarlo. Si lo usas cuando estás aburrido o en períodos de relajación, lo opuesto aplica para tu caso. No importa que pase, toma este intento como algo serio y conclusivo, y haz de esta tarea la cosa más importante en tu vida.

Ahora, trata de buscar un período de 3 semanas que se empalme con este tipo de ocasiones opuestas, y anticipa cualquier evento que conlleve tu derrota. Eventos como lo son los viajes de negocios, que tu pareja se encuentre fuera de tu estado, etc. No te verás en la necesidad de desistir cuando esos eventos pasen, dado que ya has anticipado dicho evento y no sientas que serás privado de tu dosis. Tampoco trates de cortar tu consumo mientras tanto, ya que esto creará la ilusión de que ser negado tu consumo es algo disfrutable. De hecho, es incluso dañino, ya que esto ayudará a reforzar la idea de que tienes que ver lo más que puedas y tener la mayor cantidad de sesiones posibles antes de tener tu última sesión. Y mientras estés teniendo esa última sesión, trata de concientizar lo más que puedas los sentimientos que se experimentan con la descarga seminal. Concientiza tus incumplidas expectativas, los dolores físicos, los efectos de la abstinencia, el mal humor y la melancolía que la descarga seminal conlleva. Y posteriormente, piensa lo maravilloso que será cuando puedas dejar de usar pornografía, y librarte de todos estos sentimientos.

PERO HAGAS LO QUE HAGAS, NO CAIGAS EN LA TRAMPA DE SOLO DECIR "LO HARÉ LUEGO" Y OLVIDARTE DE HACERLO. TRATA DE FORMULAR TU HORARIO AHORA Y PONERTE A TRABAJAR.

Recuerda, *no estás renunciando a nada*. Por el contrario, estás a punto de recibir maravillosos beneficios.

Por años, la profesión médica ha visto a la pornografía como algo inofensivo, sin siquiera saber la diferencia entre el *dócil* y estático porno de antaño y la más novedosa experiencia de realidad virtual pornográfica del día de hoy. El problema es que, a pesar de que cada usuario consume pornografía meramente para aliviar esa necesidad de dopamina causada por el porno en sí, no es la adicción a este químico lo que lo engancha, sino el lavado de cerebro que resulta de esta adicción. Una persona inteligente podría caer ante la astucia de un estafador, pero solo un tonto seguiría cayendo por la misma estafa aun conociendo cómo funciona. Por fortuna, muchos usuarios no son tontos, solo creen que lo son. Cada uno de los usuarios tiene su propio lavado de cerebro. Por eso parece que hay un rango extenso de los tipos de usuarios, reforzando aún más el misterio de la adicción misma…

A pesar de que el objetivo primordial del libro original era dejar la nicotina (una de las más adictivas y rápidas drogas que el hombre ha conocido) fue agradablemente sorprendente el hecho de saber que el mismo método aplica para este caso. El reto que Allen Carr y yo cargamos es el de *cómo* transmitir este conocimiento a otros. Y el hecho de que YO sepa que cada usuario puede no solo encontrarlo fácil, sino de que también puede encontrar divertido dejar esta adicción, no solo carece de sentido, sino que también resulta frustrante si es que el usuario no puede caer en cuenta de ello. En el libro original, Carr explica:

"Mucha gente me ha dicho: *'Tú dijiste que "siga fumando hasta que acabe el libro". Esto tiende a hacer que el fumador tarde una eternidad en acabar el libro, o que simplemente no lo acabe. Punto final. Por lo tanto, debes cambiar esa instrucción.'* Esto suena lógico, pero sé que si la instrucción fuese: *'para de inmediato'*, algunos fumadores ni siquiera empezarían a leer el libro. Hubo uno de estos que me consultó en los primeros días. Él decía: *'Me molesta mucho tener que buscar su ayuda. Sé que tengo una fuerte voluntad. Tengo el control en cualquier otra área de mi vida. ¿Por qué otros fumadores dejan el cigarro usando mera voluntad, pero yo tengo que venir con usted?'* Él continuó, *'creo que podría hacerlo por mi cuenta, si tan solo pudiera seguir fumando mientras lo dejo'.*"

La sociedad hoy en día dice que dejar de fumar es increíblemente difícil. ¿Y qué es lo que un fumador necesita en tiempos difíciles? Su pequeño amigo, su apoyo. Dejar de fumar parece un golpe doble, ya que no solo tienes una difícil tarea que cumplir, sino que aparte, ese apoyo al cual recurrías para este tipo de ocasiones no está disponible. Quizás el aspecto más bello de este método es que no tienes que *'renunciar'* mientras avanzas en el proceso. Primero te deshaces de todos los miedos y las dudas, así para cuando acabes tu última sesión saborearás por fin la libertad.

Por lo tanto, este *'hackbook'* mantendrá esta instrucción intacta. No importa cuántas veces se mencione lo fácil y disfrutable que es dejar la pornografía, seguirá habiendo una vasta mayoría que no se pueda permitir verlo así debido al extenso lavado de cerebro que sufren referente a dejarlo.

Este capítulo es el único que realmente me hace cuestionar seriamente el método que propone Allen Carr. Sobre todo, esa parte en la que nos dice que escojamos períodos de tiempo que sean el total opuesto a las ocasiones que escogemos para consumir porno, para dejarlo. Esta no es la forma más fácil, cuando puedes escoger los momentos *más difíciles* para ti. Sea el estrés, las obligaciones sociales, concentración, aburrimiento, etc. Una vez hayas probado que puedes lidiar con esos tiempos difíciles sin usar pornografía, cualquier otra ocasión será mil veces más disfrutable. ¿Pero de ser así, hubieras tomado el consejo?

Otra analogía: un día mi hermana y yo decidimos ir a nadar. Llegamos a la alberca al mismo tiempo, pero no llegamos a nadar a la par. La razón es que mi hermana prefiere ir metiéndose de poco a poco, introduciendo los dedos del pie primero, y entrando enteramente hasta una hora después. Eso es una tortura muy lenta, y yo sé que, en algún punto, sin importar lo fría que esté el agua, tendrá que agarrar valentía y entrar a la alberca. Yo aprendí a hacerlo de la manera más fácil — saltando directamente. Ahora imagina si estuviera en esa posición donde tengo que convencerla de que, si no entra de un salto a la alberca, nunca podrá nadar. Si ese fuera el caso, sería obvio que entonces no nadaría para nada. ¿Puedes ver el problema ahora?

Gracias a la retroalimentación, pude notar que muchos usuarios usaron el consejo original, el de dejar el porno en el momento correcto, para retrasar lo que consideran es el *"malévolo día"*. Entonces pensé en usar una técnica similar a la del capítulo *"ventajas de ser un usuario..."*, haciendo algo así como — *"Escoger el período correcto es importante, así que en el próximo capítulo serás iluminado con el mejor momento para poder dejar de usar porno"* y en la próxima página poner un masivo texto que diga *"AHORA"*. Ese es, de hecho, el mejor consejo que puedo darte, ¿pero lo tomarías? Quizás el aspecto más sutil de esta trampa es que, cuando tienes genuino estrés en tu vida no es el período correcto para dejar de usar porno, pero cuando estos períodos de estrés acaban, no hay necesidad para acabar con esta tortura. Pregúntate lo siguiente:

- ¿Cuándo empezaste a usar porno por primera vez, realmente decidiste que continuarías dependiendo de él por el resto de tu vida sin siquiera poder dejar de usarlo? **¡Claro que no lo hiciste!**

- ¿Y seguirás el resto de tu vida sin poder dejar de usarlo? **¡Claro que no lo harás!**

¿Así que, cuando vas a parar? ¿Mañana? ¿El próximo año? ¿O quizá, el año que sigue del siguiente? ¿No ha sido esto lo que te has estado preguntando desde que te diste cuenta de que estabas enganchado? ¿Realmente esperas que una mañana despiertes y simplemente seas libre de la adicción? Deja de engañarte, con cualquier adicción solo te vuelves progresivamente más adicto, no menos adicto. ¿En serio vas a esperar a que levantarte de la cama se sienta más complicado que masturbarte? Eso sería un verdadero sinsentido.

La verdadera trampa radica en la creencia de que ahora no es un buen momento — siempre será más fácil mañana. Creemos que nuestras vidas son verdaderamente estresantes, cuando en realidad no lo son. Las más genuinas formas de estrés han sido removidas de nuestras vidas. No sales de casa con el miedo constante de ser atacado por un animal salvaje. Algunos ni siquiera se preocupan por la fuente de su próxima comida, o de si algún techo estará sobre su cabeza esta noche. Piensa en la vida de un animal salvaje. Cada que un conejo sale de su madriguera, se está enfrentando a Vietnam por su supervivencia. Pero el conejo puede con ello, gracias a su sistema de adrenalina y hormonas, así como nosotros. Y la verdad es que, los períodos más estresantes de nuestras vidas son nuestra niñez temprana y la adolescencia. Tres billones de años de selección natural nos han equipado para poder lidiar con el estrés, solo piensa en la gente cuya niñez fue estresante y que pueden vivir vidas normales sin problema.

Es un cliché decir *"sin tu salud, no eres nada"* pero es que es absolutamente cierto. Cuando te sientes física y psicológicamente fuerte puedes manejar los bajos y disfrutar los altos. Muchos confunden la responsabilidad con el estrés, cuando la realidad es que la responsabilidad se convierte en estrés cuando no sentimos la fortaleza para lidiar con dicha. Lo que más nos destruye no es el estrés, el trabajo o la vejez, sino los ilusorios apoyos a los que volteamos para poder lidiar con nuestras vidas.

Míralo de esta forma. Ya has decidido que no te quedarás dentro de la trampa por el resto de tu vida. Y en algún punto — te sea complicado o no — tendrás que pasar por este proceso de liberación. El porno no es un hábito o un placer, es una adicción y una enfermedad. Hemos establecido ya que más que ser fácil mañana, tu adicción se volverá progresivamente peor. El momento para deshacerte de tu adicción es *ahora* — o lo más cercano a ahora que puedas. Solo piensa en lo rápido que las semanas pasan en nuestras vidas, es todo lo que te tomará. Piensa en lo lindo que será disfrutar el resto de tu vida sin sombras alrededor de tu cabeza que se van acumulando. Y dado que sigas las instrucciones al pie de la letra, no tendrás que esperar ni cinco días o tres semanas. No solo verás que es fácil, ¡sino que **también es divertido dejar tu adicción!**

18 ¿Me perderé de la diversión?

¡No! Una vez que el pequeño monstruo esté muerto, una vez que tu cuerpo deje de saciar la dopamina, y una vez que los toboganes de pornografía en tu cerebro empiecen a desvanecerse debido a la falta de un correcto *engrasado*, todo lavado de cerebro que quede se desvanecerá también. No solo estarás mejor equipado física y mentalmente para lidiar con el estrés y las torceduras que te dé la vida, sino que también empezarás a disfrutar los buenos tiempos en su máximo esplendor.

Aunque solo hay un factor de riesgo que te puede traer de regreso a la trampa: la influencia que te ejercen aquellos que aún usan *el sexo* como su placer o apoyo. *"El jardín del vecino siempre es más verde"*, es una frase que describe de forma ordinaria cualquier aspecto de nuestras vidas, y es una frase fácil de entender. ¿Pero por qué, cuando hablamos de porno — con las desventajas sobrepasando las ilusorias 'ventajas' — el ex-usuario tiende a envidiar a aquellos que constantemente usan el sexo y la pornografía como su apoyo?

Con todo el lavado de cerebro que se crea desde la infancia, es entendible que hayamos caído en la trampa. ¿Pero por qué entonces — después de darnos cuenta del insidioso juego que es el porno, y además haber podido *'dejar el hábito'* — caminamos directamente hasta la trampa de nuevo? Se trata de la influencia del lavado de cerebro social, fusionando la idea de que el sexo y el porno son algo normal. **¡Es el ex-usuario sufriendo un dolor de abstinencia!** Ese vacío sentimiento que le genera al ex-usuario el estar soltero (cosa que no está mal de todas formas) le causa a la par sentimientos de ansiedad, cosa que los regresa directo al tobogán. Esto es de hecho, una curiosa anomalía, particularmente si se considera de esta forma — cada no-usuario en el mundo es feliz de serlo, pero cada usuario en el mundo incluso con su deformada, adicta y programada mente sufriendo el engaño de sentir disfrute o relajación, desearía no haberse enganchado en primer lugar. ¿Así que, por qué algunos ex-usuarios envidian esta situación?

- **Solo una miradita.** Recuerda, tal cosa no existe. Deja de verlo de forma aislada y adopta la visión de un usuario. Puedes envidiarlos, pero ellos ni siquiera aprueban su forma de ser. Los usuarios te envidian a ti. Si tan solo hubiera forma de ver clínicamente a un usuario. Esta visión de su caso sería un poderoso aditivo para poder *dejar el hábito* por completo. Trata de visualizar lo rápido que un usuario abre demasiadas ventanas en su navegador. Adelantando el video, buscando las mejores partes, rápidamente aburriéndose de los videos y hojeando rápidamente a través de la amplia gama de géneros que producen novedad, shock, ansiedad, etc. Te das cuenta de que el acto incluso parece automático. Recuerda — no lo están disfrutando, sino que no pueden disfrutar sus vidas si no lo hacen. La mañana siguiente, despertando con una voluntad débil, sin energía y con los ojos nublados, tendrán que seguir torturándose para lidiar con el estrés y la tensión de sus vidas. Se están enfrentando a una vida de mugre, de salud mental débil y baja confianza en sí mismos — una vida entera de autodestrucción, utilizando las sombras que yacen detrás de sus cabezas para este fin. ¿Y para conseguir qué? ¿La ilusión de que estás obteniendo lo que mereces y un poco de maldito placer?

- La segunda razón por la que los ex-usuarios tienen estos dolores de abstinencia yace en el hecho de que el usuario tiene la posibilidad de hacer algo — masturbarse/ver porno — cosa que él no-usuario no puede, lo que lo lleva a **sentirse privado**. Hazlo claro en tu mente, no es el no-usuario el que está siendo privado, pero el pobre adicto el que se priva de:

  o Salud

- o Energía

- o Confianza en sí mismo

- o Paz mental

- o Coraje

- o Tranquilidad

- o Libertad

- o Respeto por sí mismo

Quítate el hábito de envidiar a los usuarios de encima, y empieza a verlos como las miserables y patéticas criaturas que son. Lo sé, yo también fui de lo peor. Pero tú estás leyendo este libro, y no aquellos que no pueden percatarse de su estado y deciden seguir engañándose.

No hay ningún aspecto por el cual puedas envidiar a un adicto a la heroína, y como con toda drogadicción la tuya se hará más fuerte con el tiempo. Cada año, se pondrá exponencialmente peor — si no disfrutas ser un usuario hoy, lo disfrutarás menos mañana. No envidies a los demás usuarios, ten pena por ellos. Créeme, **¡necesitan de tu pena!**

19 ¿Puedo compartimentar mi sexualidad?

Este mito es especialmente compartido por aquellos usuarios que tratan de detener su consumo usando su propia voluntad, los cuales también realizan *'gimnasia mental'* y comienzan para sí mismos una rutina de *'Jekyll y Hyde'*: *'El porno es para mí alter-ego y el romance real para mi persona social.'* A este punto, creo que no tengo que mencionar los hechos — es obvio que los toboganes pornográficos, el DeltaFosB y los cambios neurológicos *van a invadir* tus capacidades sociales, haciéndolas más indeseables. El Sr. Hyde va a hacer caso omiso a las instrucciones del Sr. Jekyll.

Al consumir pornografía, estás entrenando a tu mente para adoptar el rol de *'voyeur'*, o para adoptar el hábito de dar clic en algo que sea más excitante tan pronto tu dosis de dopamina baje. O para el hábito de buscar la escena correcta para el mayor efecto posible. Adicionalmente, quizá te vayas a acostumbrar a una posición encorvada a la hora de masturbarte o estar en el celular a la hora de dormir, eventualmente adoptando un mayor deseo por esos estímulos digitales que a estímulos reales. El sexo se opone a casi todos los aspectos del harem en línea, así que no hay manera de compararlos. Las memorias que creas con el porno a una temprana edad son muy poderosas y longevas, así que romper esos toboganes neurológicos que crea y reconectar o crear nuevos te tomará más tiempo. Sin embargo, eso no quiere decir que sea más difícil.

Cada que bajas por el 'tobogán pornográfico' lo estás engrasando, manteniendo esas vías neuronales frescas y listas para la acción. Solo velo de esta forma: cuando te estacionas cerca de una cadena de comida rápida, el olor de la freidora vuela hasta tus fosas nasales, vendiendo casi instantáneamente la idea de comprar algo. De la misma forma, los toboganes de agua pornográficos en tu cerebro siempre están listos para que los uses, y están abiertos 24/7. Cada señal o disparador que veas enciende tu sistema de recompensa con la promesa de sexo — aunque no sea precisamente sexo. Además, las células nerviosas solidifican estas asociaciones con la excitación sexual, brotando nuevas ramas nerviosas para reforzar estas conexiones. Entre más uses porno, más fuertes se vuelven estas conexiones nerviosas. El resultado final es que quizá, y en última instancia, *'necesites'* cumplir con el rol de *voyeur*, adoptando la necesidad de dar clic a cualquier material que te cause novedad, necesitando de porno para dormir, o necesitando buscar el *'final perfecto'* para poder eyacular.

Así como con cualquier sustancia o droga conductual, el cuerpo genera inmunidad y la droga cesa de aliviar esos dolores de abstinencia en su totalidad. Tan pronto como el usuario de pornografía cierra la sesión, quiere otra y rápidamente, el hambre permanente se mantiene insatisfecha, generando a su vez una inclinación natural a buscar una conducta que aumente la dosis de dopamina. Sin embargo, muchos usuarios son prevenidos de adoptar estas conductas por las siguientes dos razones:

Dinero: No tienen el dinero para pagar una suscripción a sitios pornográficos.

Salud: El cuerpo tiene límites, hablando de las oleadas de dopamina o de los orgasmos que una persona puede tener. Además, los orgasmos tienden a disparar químicos que cortan la cantidad de dopamina que es usada, de forma gradual. Tiene que hacerlo, así es como funciona el cuerpo humano.

Una vez que el pequeño monstruo deja tu cuerpo, el horrible sentimiento de inseguridad se acaba. Tu confianza regresa, junto con un maravilloso sentimiento de respeto por ti mismo, dándote la seguridad de que puedes tomar control de tu vida y el poder de utilizar esa autoconfianza como trampolín para poder lidiar con otros problemas. Esta es una de las numerosas y grandiosas ventajas de librarse de muchas adicciones.

El mito de la compartimentalización es uno de los muchos trucos que el pequeño monstruo utiliza para jugar con tu cabeza. Estos trucos hacen más difícil el poder dejar la adicción — debido a la imposible satisfacción de tu permanente hambre — causando que muchos lidien con su adicción utilizando el cigarro, el embriaga miento, o incluso drogas más fuertes para satisfacer este vacío.

Los humanos somos seres que les dan valor a las cosas. Nos valoramos a nosotros mismos y a los demás. Ver pornografía con tu pareja es insatisfactorio, ya que ambos valoran de forma diferente el sexo que tienen comparándolo con la narrativa del porno. ¿Te gustaría tener a Brad Pitt en tu cuarto, aunque sea en pintura? No hay persona que pueda igualar cada experiencia sexual real que tienen con la de una película porno, donde cada 'experiencia' ya está escrita, es actuada y dirigida por profesionales, y que está disponible las 24 horas del día.

20 ¡Evita los falsos incentivos!

Algunos de los usuarios que utilizan su fuerza de voluntad para dejar el porno también intentan incrementar su motivación a través de la construcción de falsos incentivos. Hay muchos ejemplos de esto, como la gente que se regala cosas a sí mismos después de no haber visto porno por un mes. Esto parece ser una forma lógica y un enfoque sensato para lidiar con tu adicción, pero, de hecho, es falsa. Cualquier usuario que se respete a sí mismo y su estado prefiere seguir viendo pornografía que regalarse algo a sí mismos. Esto genera dudas en la mente del usuario, porque no solo tendrán que abstenerse por *30 días*, sino porque tampoco saben si disfrutarán de este período sin poder ver porno. ¡Su único amigo y apoyo ha sido arrebatado! Todo lo que esto ocasiona es aumentar el sentido de sacrificio que el usuario siente, convirtiendo el porno en algo preciado en su mente.

Hay otros ejemplos:

- *"Voy a parar por este período, así me obligo a conseguir una vida social o sexo real con una pareja."*

- *"Me detendré para que una especie de energía mágica despierte en mí, y me ayude a quitar del camino a todos los pretendientes que estorban entre la pareja que quiero y yo."*

- *"Dejaré el PMO, así no desperdicio mi energía y la guardo para poder crecer como persona."*

Estos incentivos son reales, efectivos, y quizá te ayuden a conseguir lo que quieres — pero reflexiona por unos segundos. Si en verdad consigues lo que quieres, y una vez que la novedad y el entusiasmo se esfumen de tu cabeza, te sentirás privado de nuevo, y de no conseguirlo, te sentirás miserable. De cualquier forma, tarde o temprano volverás a caer en la trampa.

Relacionar la idea de dejar el porno con un falso incentivo solo incrementa las dudas, porque si no consigues tu incentivo (y aun si lo consigues) empezarás a cuestionarte cosas como: *"¿Renunciar a la pornografía realmente mejorará mi vida?" "¿Si renuncio al porno y aun así no consigo lo que quiero, habré usado el método correctamente?"* Pensamientos así incrementan el sentimiento de sacrificio, y, por ende, crean dolores de abstinencia.

Otro ejemplo típico son los pactos grupales hechos en foros de internet, los cuales tienen la ventaja de eliminar la tentación por un corto período de tiempo. Sin embargo, la gente falla por varias razones:

- **El incentivo es falso.** ¿Por qué querrías parar solo porque alguien más lo está haciendo también? Todo lo que esto consigue es generar presión adicional e incrementar ese sentimiento de sacrificio. Está bien si todos los usuarios tienen la genuina intención de parar en algún punto — pero no puedes forzarlos a hacerlo, aunque secretamente desean hacerlo. Hasta que estén listos para parar, un pacto solo creará presión adicional, lo cual también incrementa el deseo de 'echar una miradita'. Esto los hace ver porno en secreto, haciendo que crezca el sentimiento de dependencia a su vez.

- **Depender de otros.** Mientras se está usando el método de la voluntad propia, **produce una sensación de estar cumpliendo una penitencia**, donde todos esperan que el impulso por ceder desaparezca. Si uno cede, hay un sentimiento de derrota para todos. Y cuando todos usan el método de la voluntad, al menos un integrante está destinado a fallar, dando a los demás participantes la excusa que estaban esperando. "No es su culpa, ellos habrían resistido de no haber sido por 'Fred', quien cedió y los decepcionó a todos." Aunque para ese entonces, es algo seguro que todos los integrantes ya habrán hecho trampa al menos una vez...

- **Compartir el crédito es lo opuesto a la independencia.** Hay una maravillosa sensación de logro en dejar de consumir porno y es más fuerte cuando se hace por tu cuenta, con los halagos de tus amigos y tus compas de internet siendo un tremendo 'estímulo' los primeros días. Sin embargo, cuando todos lo están haciendo al mismo tiempo, el crédito tiene que ser compartido y este 'estímulo' es consecuentemente reducido.

- Otro clásico ejemplo es la **promesa de que te convertirás en un 'gurú del sexo'.** Dejar el PMO te hará más feliz porque ya no estarás en este juego de 'jalar la cuerda', tu cerebro empezará a reconectarse y tendrás de vuelta el control sobre tus impulsos. Sin embargo, debes tener en mente que no te vas a convertir en un 'dios del sexo' o que consiguientemente ganes la lotería. A nadie *más que a ti* le importa en lo absoluto si dejas de consumir porno. No eres una persona débil si usas porno 3 veces al día, o una persona fuerte si eres un adicto y no lo haces.

Deja de engañarte. Si la oferta de 10 meses de trabajo por 12 meses de salario anuales, el riesgo de inhabilitar la capacidad de tu cerebro de lidiar con el estrés del día a día, la idea de tener que jugar a la ruleta rusa a la hora de tener una erección, o la idea de sufrir una vida de tortura física y mental no te detiene, los incentivos que se presentaron arriba no harán la menor diferencia posible, y solo harán que el sacrificio se vea mucho más grande.

En vez de eso, concéntrate y trata de ver el otro lado:

"¿Qué es lo que estoy consiguiendo al masturbarme? ¿Por qué necesito ver porno?"

O sigue mirando hacia el lado contrario, al lado donde estás jugando al jalar de la cuerda, y pregúntate qué es lo que el porno está haciendo por ti. *ABSOLUTAMENTE NADA. ¿Por qué lo necesito? NO LO NECESITAS. SOLO TE ESTÁS CASTIGANDO A TI MISMO.* Es una apuesta de Pascal: no tienes nada que perder, tienes ganancias muy gordas (una completa y confiable excitación sexual, salud mental y bienestar) y ninguna chance de perder a lo grande.

"¿Okay, pero debería declarar a mis seres queridos que dejaré la pornografía?" Bueno, esto te hará un ex-usuario o un ex-adicto orgulloso de sí mismo, mas no un no-usuario exaltado o feliz. Quizás hasta asustes a tu pareja un poco, dado que vea esto como un esquema de manipulación para tener más sexo. O hasta se podría atemorizar de que te vuelvas una especie de máquina sexual. Es difícil de explicar si la persona en cuestión no tiene una mente abierta.

Cualquier intento de hacer que otros te ayuden a dejar la pornografía le da más poder al pequeño monstruo (¿recuerdas el lavado de cerebro social?). Aunque, por otro lado, empujándolo de tu mente e ignorándolo por completo solo tendrá ese efecto de no pensarlo (si te digo que no pienses en un caballo blanco, ¿podrás hacerlo?). Mejor sé consciente, tan pronto notes esos pensamientos, esos indicios (como tener casa sola o ver un comercial muy sexy) o esas ideas ausentes en tu cabeza, piensa entonces *"Genial, ya no soy un esclavo de la pornografía. ¡Soy libre y estoy feliz de saber la diferencia entre el porno y el sexo real!"* Hacer esto les quita oxígeno a estos pensamientos y detiene esas ardientes ganas de ceder al impulso. En este aspecto, practicar meditación *'mindfulness'* también puede ser de mucha ayuda en la despersonalización de estos pensamientos...

21 La manera fácil de parar

Este capítulo contiene instrucciones referentes a la manera fácil de dejar la pornografía. Dado que sigas las instrucciones, ¡verás que dejar la pornografía varía de un rango entre fácil a disfrutable! Y dado que sigas las instrucciones de aquí abajo, será ridículamente fácil hacerlo. Todo lo que tienes que hacer es:

- Tomar la decisión de que no volverás a ver pornografía nunca más.

- No deprimirte por eso. *Alégrate, mejor.*

Quizá te preguntes, *"¿Para qué sirve el resto del libro entonces? ¿Por qué no empezamos por esto en primer lugar?"* Bueno, la respuesta es que eventualmente habrías empezado a deprimirte por haber decidido dejar el porno, y consecuentemente habrías replanteado la decisión de no hacerlo. Quizá ya lo hayas hecho muchas veces antes.

Como ya dije, el porno es una sutil y siniestra trampa. El principal problema de parar no es la adicción a la dopamina — la cual es ciertamente un problema — sino el lavado de cerebro. Por lo tanto, es necesario destruir todos los mitos e ilusiones primero. Entiende a tu enemigo, conoce sus tácticas y lo derrotarás fácilmente. Habiendo gastado varios trozos de mi vida sufriendo de una oscura depresión mientras intentaba dejarlo, y hasta que por fin pude escapar, mi consumo se redujo a cero sin tener ningún problema. Fue disfrutable incluso en el período de abstinencia, y no experimenté ningún dolor de abstinencia desde entonces. Por el contrario, fue una de las cosas más maravillosas que me han pasado.

Mi último intento fue diferente. Como cualquier usuario de hoy en día, el problema acaparaba demasiado espacio en mi cabeza. Hasta ese último intento, tenía la rutina de consolarme a mí mismo con la idea de que sería más fácil la próxima vez. Pero hubo un punto en que llegué a preguntarme si esta rutina me acecharía toda la vida, cosa que me llenó de horror y me llevó a cuestionar severamente el tema.

En vez de encender el navegador subconscientemente, analicé mis sentimientos y confirmé lo que ya sabía. No estaba disfrutando del porno, y para entonces lo encontraba asqueroso y repudiable. Entonces empecé a ver a los no-usuarios que vivían en otras partes del mundo, o gente mayor que nunca conoció los sitios para adultos. Hasta entonces, siempre consideré a los no-usuarios como gente deseosa, asocial y quisquillosa. Sin embargo, y examinando la situación de los no-usuarios cuando uno se cruzaba en mi camino, se veían mucho más — a lo mucho que pude distinguir — fuertes y relajados. Se veían más preparados para lidiar con el estrés y la tensión de sus vidas y parecían disfrutar más de sus funciones sociales que los usuarios de pornografía. Ellos ciertamente parecían tener más ánimo y brillo que los usuarios.

También empecé a hablar con ex-usuarios. Hasta ese punto, siempre consideré que habían sido forzados a dejar el porno por cuestiones de salud o religión, y que estaban secretamente deseando volver a sus 'harems en línea'. Pero algunos me decían, *"De repente te dan esas punzadas extrañas, pero son tan pocas y distantes entre sí que ni siquiera puedes preocuparte."* Otros, por otra parte: *"¿Extrañarlo? ¡Debes estar bromeando! ¡La vida nunca se había sentido tan bien!* Incluso las derrotas que tenían en sus vidas eran ventajosas para ellos, no se condenaban a sí mismos y en vez de eso aceptaban esas derrotas. Como un coach que acepta el error de un genuino jugador estrella. Hablar con ex-usuarios sirvió para destruir otro mito que siempre tuve en mi mente: el mito de que había una inherente debilidad en mí. No fue hasta entonces que caí en cuenta de que todos pasan por esta pesadilla privada.

Básicamente, me decía a mí mismo *"Una tanda de miles personas está dejando el porno ahora y llevando vidas perfectas y felices. Nunca tuve que hacerlo antes de engancharme, y ahora que recuerdo perfectamente lo mucho que trabajé para engancharme así, ¿por qué tengo que hacerlo ahora? ¿Por qué seguir enganchado?"* En cualquier circunstancia, no disfrutaba de la pornografía. Odiaba ese sucio ritual y no quería pasar el resto de mi vida siendo esclavo de esta asquerosa adicción. Entonces, me dije a mí mismo:

"Te guste o no, has completado tu última sesión".

Sabía que, desde ese punto, no tendría otra sesión de nuevo. No esperaba que fuera fácil, sino todo lo contrario. En verdad creía que había firmado una sentencia para pasar meses de oscura depresión; para pasar el resto de mi vida con dolores de abstinencia ocasionales. Pero en vez de eso, ha sido absoluta felicidad desde el inicio.

Me tomó demasiado tiempo descubrir por qué me había resultado tan fácil y por qué no había sufrido de estos terroríficos dolores de abstinencia. La razón es que no existen, es la duda y la falta de certeza la que crea estos dolores. La hermosa verdad es que **es fácil dejar la pornografía.** Es solo la falta de decisión y el deprimirte de este hecho lo que lo hace complicado. Incluso cuando son adictos, los usuarios pueden pasar períodos muy largos de tiempo sin consumir porno. Es solo cuando quieres, pero no puedes tenerlo, cuando sufres.

Por lo tanto, la clave para hacerlo fácil es tomar el hecho de que lo vas a dejar como algo consciente, certero y final. No esperar, sino saber que lo has dejado, habiendo tomado la decisión. Nunca dudes o cuestiones tu decisión, de hecho, haz lo contrario — ¡siempre alegrándote! Si puedes estar seguro desde el inicio, será fácil. ¿Pero cómo puedes estar seguro desde el inicio? Es por eso por lo que el resto del libro es necesario. Hay ciertos puntos que son esenciales de entender antes de empezar:

- **Darte cuenta de que puedes hacerlo.** No hay nada diferente entre tú y la única persona que te obliga a ver pornografía — eres tú mismo. No aquella estrella porno, que ni en sus más salvajes sueños ha de haber pensado que sería usado para reducir la virilidad de las personas.

- **No hay absolutamente nada a lo que renunciar.** Por el contrario, hay enormes ganancias aquí. No solo serás más saludable y fuerte, sino que también serás más feliz en tus mejores momentos y que podrás lidiar mejor con los malos.

- **No hay tal cosa como 'una miradita' o visita.** La pornografía es una adicción y una acción en cadena, el estar urgido por esa pequeña visita solo hará que te estés castigando de forma innecesaria.

- **No veas al porno como un hábito 'inherente a la hombría' que quizá te perjudique, sino como una drogadicción.** Hazle frente al hecho de que te guste o no, **has contraído una enfermedad.** No se irá solo porque escondas tu cabeza en la arena. Recuerda que, así como todas las enfermedades crónicas, no solo durará de por vida, sino que se pondrá peor. El mejor momento para curarlo **es ahora.**

- **Separa la enfermedad — la adicción neurológica — de la mentalidad de ser un usuario o no serlo.** Todos los usuarios, si tuvieran la oportunidad de volver en el tiempo al momento anterior de haberse enganchado, tomarían esa oportunidad. ¡Tú tienes esa oportunidad ahora! Ni siquiera lo veas como si te estuvieras 'rindiendo'.

En el momento en que hayas tomado la decisión final de que has tenido tu última visita, ya serás un no-usuario. Un usuario es uno de esos pobres desgraciados que van por la vida destruyéndose a sí mismos con porno. Un no-usuario es alguien que no es así. Una vez que hayas tomado esa decisión final, ya habrás conseguido tu objetivo. Alégrate del hecho, no te sientas deprimido esperando a que la adicción química se vaya. Sal y ve a disfrutar de la vida inmediatamente. La vida es maravillosa incluso cuando eres adicto, poniéndose mucho más bella cada día cuando no lo eres.

La clave para hacerlo más fácil es estar seguro de que vas a poder abstenerte completamente de forma exitosa durante el período de abstinencia (máximo, de 3 semanas). Si estás en la mentalidad correcta, lo encontrarás ridículamente fácil.

Para este entonces, si has abierto tu mente como se te pidió al inicio, ya habrás decidido que vas a escapar. Ahora deberías tener sentimientos de emoción, como un perro jalando de la correa, incapaz de esperar para romper los toboganes de DeltaFosB que el porno te creó. Por el contrario, si tienes sentimientos de perdición y oscuridad, debe de ser por una de las siguientes razones:

- **Algo no se ha solidificado en tu mente.** Relee los 5 puntos enlistados arriba y pregúntate si realmente crees que sean verdaderos. Si dudas en algún punto, relee las secciones apropiadas de este libro.

- **Temes a la derrota en sí.** No te preocupes, solo sigue leyendo y tendrás éxito. Todo el negocio de la industria pornográfica se basa en un truco de confianza de proporciones masivas. La gente inteligente puede caer por este truco una vez, pero solo alguien tonto, habiendo descubierto cómo funciona el truco, volvería a caer, engañándose a sí mismo.

- **Estás de acuerdo con todo lo mencionado arriba pero aún te sientes miserable.** ¡No te sientas así! Abre tus ojos, algo increíble está a punto de suceder. Estás a punto de escapar de prisión, pero es esencial que empieces con la mentalidad correcta: *"¡es maravilloso que ahora sea un no-usuario!"*

Todo lo que tienes que hacer ahora es mantenerte con esa mentalidad durante el período de abstinencia, y en los próximos capítulos vamos a lidiar con ciertos puntos específicos para permitirte hacer esto. Después del período de abstinencia no tendrás que pensar de esa forma, y empezarás a pensar con esa mentalidad de forma automática. Para ese entonces el único misterio será por qué no lo habías visto de esa forma antes. Sin embargo, dos cosas importantes:

- Retrasa tu plan para hacer tu última visita hasta haber acabado este libro.

- El período de abstinencia de tres semanas ha sido mencionado varias veces, lo cual puede causar un malentendido. En primera instancia, puede que sientas subconscientemente que tendrás que sufrir por 3 semanas. **No tienes que sufrir.** Segundo, evita esa trampa de pensar *"de alguna forma, me tengo que abstener por 3 semanas y hasta entonces, estaré bien".* Nada mágico va a pasar después de 3 semanas. No te sentirás de repente como un no-usuario, siendo que ellos no se sienten diferente a como se siente un usuario. Si te la pasas deprimido por el hecho de parar durante tres semanas, probablemente te la pases deprimido después de esas 3 semanas. En conclusión, si puedes empezar ahora diciendo *"nunca más volveré a ver porno, ¿no es maravilloso?"* después de 3 semanas la tentación se irá. Si por el contrario empiezas diciendo *"si tan solo sobrevivo 3 semanas sin porno..."* estarás ansiando una visita a tu harem después de esas 3 semanas.

Piénsalo de esta forma — tu cerebro quiere que mantengas su estatus quo, así que, si estás bajo la creencia de que estás perdiendo algo bueno al dejar el porno, obviamente te sentirás muy mal. Es imposible forzarte a sentirte de cierto modo si tu cerebro no lo cree así. Es por eso por lo que es importante pasar por este proceso de remover la ilusión de que la pornografía siquiera te retribuye algo. Así es como sabes que no estás sacrificando nada.

La disfunción sexual tiene mucho que ver con tu cerebro y tu mentalidad de las cosas. El porno configura tu sistema de recompensas y le da a tu cerebro una mentalidad dubitativa. Esta duda de ti mismo te causará indudablemente disfunción sexual. Podrás tener todo el deseo en tu parte superior, pero no podrás excitar la parte baja. Te aseguro que es de los golpes más bajos que tu mentalidad puede recibir. La libido, yendo de la mano con el romance, es el elixir de la juventud del cual puedes disfrutar, hasta tu muerte. Tendrás probabilidades altas de evitar la disfunción si decides dejar el porno, pero esa no es la única ganancia. ¡Es tu liberación de esta esclavitud!

22 El período de abstinencia

Por hasta tres semanas después de tu última sesión, podrías estar sujeto a dolores de abstinencia. Los cuales consisten en dos distintos factores, separados entre sí:

- Dolores de abstinencia inducidos por dopamina. Los cuales se interpretan como un sentimiento vacío e inseguro, similar al del hambre. Los identificamos como 'deseos' o como un sentimiento de 'tener que hacer algo'.

- Señales meramente psicológicas que se desencadenan gracias a estímulos externos tales como comerciales, navegación en línea, conversaciones con amigos, series o películas, etc.

El no entender y diferenciar entre estos dos factores te llevará a la derrota si es que usas el método de fuerza de voluntad, y es la razón del por qué muchos de los que lo intentan terminan cayendo en la trampa otra vez. Aunque los dolores de abstinencia no causan dolor físico, no subestimes su poder. Decimos que tenemos un 'dolor de estómago' cuando pasamos un día entero sin comer. Puede que tengas leves retortijones estomacales, pero el hambre no es física, como tal. Aun así, el hambre es una fuerza poderosa y es muy probable que nos pongamos irritables a falta de comida. Es similar a cuando nuestro cuerpo está ansioso por una dosis de dopamina. La diferencia es que nuestro cuerpo no pide comida, sino veneno. Teniendo una mentalidad correcta, los dolores de abstinencia son fácilmente superables y desaparecen muy rápido.

Después de abstenerte por unos días usando el MFV, las ansias por descargar dopamina en tu sistema desaparecen. Es el segundo factor — el lavado de cerebro — lo que complica todo. El usuario se ha hecho el hábito de aliviar sus dolores de abstinencia en ciertos períodos y ocasiones, lo que causa una asociación de ideas (*"vaya, ha sido un día difícil, debería ver porno"* o *"estoy en la cama con mi laptop, debería tener una sesión antes de dormir para relajarme"*). El efecto es ilustrado mejor con el siguiente ejemplo. Imagina que vives en un lugar cuyo clima es demasiado frío. Te haces al hábito de tener que cerrar todas las ventanas y puertas de tu casa para evitar que se filtre el aire frío hacia adentro. Y puede que incluso después de mudarte a un país de clima árido, sigas teniendo la costumbre de cerrar todas las puertas de tu nuevo hogar, ya que tu cerebro ya asoció la idea de dejar una puerta abierta con la de sentir aire frío.

Detener tu consumo de porno es similar, durante los primeros días tu mecanismo de señales (las cuales te indican cuando descargar dopamina) operará en ciertas ocasiones específicas. Cada vez que esa señal se active, querrás tener una sesión. Por lo tanto, contrarrestar el lavado de cerebro es esencial desde el inicio, ya que, al contrarrestarlo, desaparecerán estas señales. Bajo el MFV, el usuario cree que está haciendo un sacrificio, por lo que se la pasa deprimido, a la espera de que sus incontrolables impulsos se vayan. No se preocupa por remover estos mecanismos de señales, y además, solo deja que se incrementen. De forma similar, cuando un usuario que está dejando la pornografía adopta la mentalidad de *gurú del sexo*, adopta el hábito de preguntarse cuándo irá a convertirse en un Dios, incluso forzándose a no tener pensamientos lascivos, lo cual pavimenta el camino para el autodesprecio, y lo encamina a fallar en su intento.

Un mecanismo de señal común es cuando uno se encuentra soltero, especialmente en eventos sociales con amigos. El ex-usuario que usa otros métodos para dejar el porno ya es miserable por sentirse privado de su ayuda o placer habitual. Por otro lado, sus amigos están actuando de forma íntima con sus parejas. El ex-usuario, o está soltero, o no está 'recibiendo' ningún afecto de su pareja, por lo que ahora no está disfrutando de lo que debería ser una salida con amigos placentera. Al final del día, terminan regresando a su harem de preferencia, cosa que es más fácil de hacer a comparación de excitar a su pareja, o de conseguir una.

Debido a que el usuario siente que merece de sexo para su bienestar, termina por sufrir de un golpe triple, y el lavado del cerebro se incrementa. Si lo sobrepasan y pueden aguantar lo suficiente, eventualmente aceptarán su destino, y seguirán con su vida. Sin embargo, parte del lavado de cerebro aún sigue intacto. El segundo aspecto más patético de todo esto es que el usuario lo terminó dejando, pero incluso después de varios años aún anhela tener 'solo una última visita a su harem' en ciertas ocasiones. Están aferrados a una ilusión que solo existe en su mente, e innecesariamente, se torturan a sí mismos.

Aun bajo el 'EasyPeasy', responder a estos mecanismos de señal es el error más común. Los ex-usuarios tienden a considerar el porno como un tipo de placebo. Piensan: *"sé que el porno no hace nada por mí, pero me resulta de ayuda en ciertas ocasiones"*. Un placebo, a pesar de no tener ningún efecto físico, puede ser una poderosa ayuda psicológica para aliviar síntomas genuinos, y es, por tanto, benéfico. Sin embargo, el porno de internet y la masturbación no son placebos. ¿Por qué? El porno crea los mismos síntomas que alivia, y llegado a un punto, cesa de aliviarlos por completo.

Puede que encuentres más fácil de entender el efecto cuando lo relacionamos con un no-usuario, o con un usuario 'exitoso' que dejó el porno por varios años. Toma el caso de un ex-usuario que tuvo una ruptura con su pareja, donde es bastante común que, con las mejores intenciones, le digan: *"anda, dale una visita a esta página, te ayudará a calmarte"*. Si la oferta es aceptada, no tendrá ese efecto relajante ya que el ex-usuario no es adicto a la dopamina, y por lo tanto, no sufrirá el alivio y la relajación que aliviar los dolores de abstinencia te da. En el mejor de los casos, todo lo que hará es darle un momentáneo estímulo psicológico.

Pero incluso después de haber acabado, la tragedia original sigue ahí. De hecho, esta tragedia aumentará su efecto ya que la persona ahora también sufre dolores de abstinencia, dándole la elección de hacer que sus dolores perduren, o de aliviarlos constantemente mediante la repetición de deslizar en los toboganes neuronales. Todo el porno que le fue provisto le dio un momentáneo estimulo psicológico, el mismo que pudo haber obtenido de haber leído un libro o de haber visto una película, incluso una mala. Varios no-usuarios y ex-usuarios terminan cayendo en la trampa como resultado de estos casos. Así que déjalo claro en tu mente: no necesitas una descarga de dopamina, y solo te estás torturando a ti mismo al continuar apreciando el porno como un tipo de apoyo o estímulo. No hay ninguna necesidad de ser miserable.

Los orgasmos no hacen buenas relaciones, a veces incluso las arruinan. Además, recuerda que no porque algunas parejas se comporten íntimamente en eventos sociales significa que las disfruten más. De hecho, la intimidad se disfruta mejor en privado, donde las parejas pueden responderse sin vergüenza alguna. Si llegara a haber un roce íntimo con tu pareja, producto natural de una serie de eventos de la vida, está bien, pero trata de disfrutar la ocasión y la vida sin eso.

Después de abandonar el concepto de que el porno es algo placentero por sí mismo, varios usuarios llegan a pensar, *"si tan solo hubiera algún género de porno limpio".* Claro que hay porno limpio y suave, y cualquiera que lo prueba termina dándose cuenta de que es una pérdida de tiempo. Déjalo claro en tu mente: la única razón por la que has estado usando porno es por la descarga de dopamina. Una vez que te liberes del ansia por dopamina que te induce el porno, ya no tendrás necesidad de visitar tu harem en línea favorito.

Ya sea que tengas dolores a causa de la abstinencia por dopamina en sí, o por detonantes/mecanismos de señal, acéptalo. El dolor físico no existe, y con la mentalidad correcta, no será un problema. No te preocupes por la abstinencia, el sentimiento por sí mismo no es malo. Es la asociación de quererlo y no poder tenerlo lo que causa el problema. En lugar de abatirte por ello, concientízate: *"Ah, ya sé lo que es, son los dolores de abstinencia. Es lo que los usuarios sufren toda su vida y lo que los mantiene adictos. Los no-usuarios no sufren de estos dolores. Es solo otro de los tantos males de esta adicción. ¡¿No es maravilloso que esté purgando estos males de mi cerebro?!"*

En conclusión, dentro de las siguientes 3 semanas, sufrirás de un pequeñísimo trauma, pero conforme pasan, sucederá algo maravilloso. Te estarás librando de una desagradable enfermedad, con los beneficios superando con creces el ligero trauma. Y sorprendentemente, disfrutarás de los dolores de abstinencia. Se volverán momentos de placer, un juego emocionante en el que tienes que matar de hambre el parásito pornográfico que vive dentro de tu estómago, mientras trata de engañarte para que bajes la guardia, y que lo mantengas vivo.

A veces, tratará de hacerte miserable. A veces, te atacará con la guardia baja. Recibirás un URL con porno o te toparás con algo en línea y olvidarás las razones por las que querías dejar el porno, sintiéndote privado cuando lo recuerdes. Prepárate para esos trucos con antelación, y cualquiera que sea la tentación, ten en mente que es el monstruo el que te induce a sentirla. Y cada vez que la resistes, has ganado otro golpe moral en la batalla.

Hagas lo que hagas, no trates de no pensar en porno. Esta es una de las cosas que producen horas de depresión en los usuarios que tratan de dejar el porno usando el MFV. Ellos lo intentan, y pasan cada día esperando que eventualmente lo olviden. Es como cuando eres incapaz de dormir — entre más te preocupas por ello, más difícil se vuelve. De todas formas, no serás capaz de olvidarlo, durante los primeros días el 'pequeño monstruo' te lo seguirá recordando y serás incapaz de evitarlo. Mientras haya laptops, smartphones, y revistas cerca tendrás recordatorios constantes.

Además, el punto aquí no es olvidar el porno, así que nada malo está pasando. De hecho, algo maravilloso y sorprendente está ocurriendo, y va a ocurrir aun si estás pensando en ello miles de veces al día, así que **saborea cada momento, recuérdate a ti mismo cuán maravilloso es**

ser libre de nuevo. Trata de recordarte a ti mismo la inmensa alegría de no tener que torturarte a ti mismo. Como dije previamente, encontrarás que estos dolores se vuelven momentos de placer, y te sorprenderás de lo rápido que te olvidas del porno.

Y hagas lo que hagas, *nunca dudes de tu decisión.* Si empiezas a dudar, comenzarás a deprimirte, y se pondrá peor. En cambio, usa ese momento de tristeza para convertirlo en uno de fortaleza. Si te deprimes por haber dejado el porno, entonces recuérdate a ti mismo que el porno estaba causando esa misma depresión. Si un amigo te envía un URL, siéntete orgulloso y di: *"Estoy feliz de decir que ya no necesito de porno nunca más."* Eso les dolerá, pero cuando vean que no te molesta, estarán a medio camino de unirse a ti.

Recuerda: tenías razones increíblemente poderosas para detenerte en primer lugar. Recuérdate a ti mismo los costos y pregúntate si realmente quieres arriesgar las funciones naturales de tu cuerpo, mente, y el simple hecho de que estarás viviendo bajo una ilusión por el resto de tu vida. Sé consciente de los esfuerzos del pequeño monstruo por minimizar los daños, y por, sobre todo, recuerda que este sentimiento es temporal, y cada segundo que pasa estás más cerca de tu meta.

Algunos usuarios temen que tendrán que pasar el resto de su vida revirtiendo esas "señales automáticas" que residen en sus vías neuronales. En otras palabras, creen que tendrán que ir por sus vidas engañando a su sistema, diciendo que no necesitan de porno a través del uso de psicología. Esto no es así, recuerda que el optimista ve el vaso medio lleno y el pesimista medio vacío. En el caso de la pornografía, el vaso está vacío y el usuario lo ve lleno. El porno no te da ninguna ventaja. Es el usuario quien ha sido lavado del cerebro para creer que la hay. Y una vez que empiezas a decirte a ti mismo que no necesitas o que no quieres porno, ya no faltará tiempo para que ni siquiera necesites decirlo, terminarás viendo la verdad por ti mismo. Es la última cosa que necesitas hacer. Asegúrate de que ver que no hay nada bueno en el porno no sea la última cosa que hagas.

146

23 ¿Solo UNA pequeña miradita?

Es "solo una miradita" la verdadera ruina de aquellos que utilizan su voluntad para detener el PMO. Podrán abstenerse tres o cuatro días, pero será en vano de haber tenido esta pequeña visita a su harem para levantar su ánimo. Estos usuarios no se dan cuenta de los devastadores efectos que este aspecto tiene en su moral.

Para muchos usuarios, su primera "miradita" en un harem no parecía ser tan buena y divertida como el sexo real. Aquellos videos que vieron, los de aspecto aparentemente *pulcro*, parecen ser tan distantes entre sí, siendo que algunos videos parecen ser más 'peligrosos' que otros, cosa que le da confianza a su mente consciente de que no disfrutan de la pornografía. Estos usuarios piensan: *"Bueno, eso no fue disfrutable en lo absoluto. Creo que perdí el apetito y ni siquiera me enganché con las cosas 'fuertes'."* Pero tú ya lo sabes — de hecho, el caso es todo lo contrario. Tenlo claro en tu mente, el disfrute orgásmico no fue la razón por la que quisiste dejar el porno. Si todos los usuarios estuvieran ahí dentro solo para conseguir un orgasmo, no verían más de un clip en una sesión. La única razón por la que necesitas del porno es para alimentar al pequeño monstruo. Solo piensa en lo preciada que resulta esa inusual visita luego de dejar al pequeño monstruo hambriento por cuatro días. Tu mente consciente no se percata de ello, pero esa dosis corpórea de dopamina que tu cuerpo recibe se comunica a través del subconsciente. Estas dosis aisladas le darán voz al pequeño monstruo, quien, a pesar de toda lógica, te dirá que estas sesiones especiales son preciadas, y que quieres otra.

Esta pequeña miradita tiene dos dañinos efectos:

- Mantiene al pequeño monstruo vivo en tu cuerpo.

- Y peor aún, mantiene al gran monstruo vivo en tu mente. Si ya tuviste esa pequeña miradita, será más fácil tener la próxima, y la que le sigue.

El porno es una trampa para ratones. El queso no es lo que aparenta ser, sino veneno. Al usar el MFV convences a tu cabeza de que no tienes que agarrar el queso, bajo ninguna circunstancia. Pero EasyPeasy hace que te percates de que no es queso, sino veneno. No tienes que 'evitar' tomarlo, solo no lo haces.

Por sobre todas las cosas, recuerda:

Tener 'solo una miradita' es la primordial forma en la que muchas personas inician en primer lugar.

24 ¿Será más difícil para mí?

Hay una infinita cantidad de factores que pueden determinar qué tan fácil resulta para un individuo dejar la pornografía. Para empezar, cada uno de nosotros tiene su propio carácter, carrera laboral, circunstancias personales, metabolismo, etc. Ciertas profesiones quizá lo dificulten más que otras, pero ya que el lavado de cerebro sea removido, esto no tendrá que ser así. Toma los siguientes ejemplos:

Ocasionalmente, es más difícil para los miembros de la profesión médica. Pensamos que debería de ser más fácil para los doctores porque ellos están más conscientes de los efectos, pero a pesar de que su profesión les suministra razones más poderosas para dejarlo, no lo hace una tarea más fácil. Las razones son las siguientes:

- El estar constantemente consciente de los riesgos de salud solo crea miedo, una de las condiciones por las cuales tenemos que aliviar los dolores de abstinencia.

- El trabajo de un doctor es excesivamente estresante, además de que son usualmente incapaces de aliviar los dolores de abstinencia mientras trabajan.

- Tienen el estrés adicional de la culpa, el sentimiento de que ellos deberían estar poniendo el ejemplo para el resto de la población. Esto les pone más peso sobre sus espaldas e incrementa el sentimiento de privación.

Después de un duro día de trabajo, y después de que el estrés del trabajo es momentáneamente aliviado por la pornografía, esa sesión se vuelve incorrectamente asociada con el sentimiento de alivio por el descanso. Y debido a esta mala asociación de ideas, el porno se queda con el crédito de toda la situación, convirtiéndose en algo preciado hasta que se intenta renunciar o hasta que el usuario empieza a tener dolores de abstinencia. Este es otro tipo de usuario casual, y se aplica en cualquier otra situación donde el usuario es forzado a abstenerse por largos períodos. Bajo el método de la voluntad, el usuario es miserable porque está siendo privado, y no puede disfrutar del cansancio y sueño extra que le da el letargo de cada sesión. Su sentimiento de pérdida es muy fuertemente incrementado. Sin embargo, si puedes remover el lavado de cerebro y la depresión por no poder ver porno primero, el descanso y el sueño se desasocian del porno, y se pueden seguir disfrutando incluso cuando el cuerpo está anhelando los transmisores de amina — serotonina, dopamina, norepinefrina.

Otra situación complicada es la del aburrimiento, particularmente cuando es combinado con períodos de estrés. Ejemplos típicos son los de estudiantes o padres solteros, cuyos trabajos son estresantes, y, aun así, monótonos. Mientras se intenta detener con su propia voluntad, la persona soltera tiene largos períodos en los que se deprime por su 'pérdida', lo cual a su vez incrementa los sentimientos de depresión. Pero de nuevo, esto se puede sobrellevar si tu mentalidad es correcta. No te preocupes por los momentos del futuro en que experimentes dolores de abstinencia. Usa esos momentos para alegrarte del hecho de que te estás deshaciendo del malvado monstruo.

Si tienes una mentalidad positiva, estos dolores de abstinencia se convertirán en momentos de placer. Recuerda, cualquier usuario, sin distinción de edad, sexo, inteligencia o profesión puede encontrar que dejar el porno es fácil y disfrutable, **dado que sigan todas las instrucciones**.

24.1 Razones principales por las que puedes fracasar

Hay dos razones principales por las que se puede llegar al fracaso. La primera es la influencia de estímulos externos — un comercial, artículos de internet, búsquedas, etc. Los usuarios llegan a encontrarse a sí mismos en un momento de debilidad, o incluso se ponen celosos cuando ven intimidad en escenarios sociales como una fiesta o reunión. Este tópico ya ha sido discutido extensamente. Usa ese momento para recordarte que no hay tal cosa como una miradita o una visita. Y alégrate en el hecho de que ya has roto la cadena de esclavitud mental. Recuerda que es el usuario el que te envidia y que deberías de sentir pena por ellos, puesto que lo necesitan.

La otra razón es el tener un pésimo día. Tenlo en mente antes de empezar, seas un usuario o no, vas a tener días buenos y malos. Llueve para el papa como para el asesino. La vida es relativa y no puedes tener altos sin tener bajos. El problema con el método de la voluntad es que tan pronto el usuario tenga un mal día, van a empezar a ansiar una visita a su 'harem', lo que agrava aún más el problema. El no-usuario está mejor equipado para lidiar con el estrés, no solo física sino mentalmente. Si tienes un día duro durante el período de abstinencia, tómalo por la barbilla. Recuerda que los días malos existían cuando eras adicto, de otra forma no habrías tomado la decisión de parar. En vez de deprimirte, reconócelo: *"Okay, así que hoy no ha sido un buen día, pero el porno no lo va a curar. Mañana será mejor y al menos tengo un maravilloso bonus, he dejado esa terrible adicción."*

Cuando eres un usuario, tienes que bloquear tu mente de las negativas del porno. Los usuarios nunca tienen su mente nublada, solo están *'un poco cansados'.* ¿Cuándo estás teniendo uno de los inevitables problemas de la vida y experimentas un deseo por ver porno, te pones feliz o contento? Claro que no. Una vez paras, la tendencia se vuelve culpar todo lo que va mal en el hecho de que hayas detenido tu consumo.

Si el trabajo te estresa, piensas, *"en tiempos así habría tenido una sesión."* Esto es cierto, pero la cosa más importante que has olvidado es el hecho de que el porno no resolvió tu problema, y simplemente te estás castigando al deprimirte por apoyos ilusorios. Estás creando una situación imposible, siendo miserable porque no puedes ver porno para masturbarte, y aun así siendo más miserable si lo haces. *Sabes que has tomado la decisión correcta al dejar de hacerlo, ¿así que por qué castigarte al dudar tus decisiones?*

Recuerda, un enfoque mental positivo es esencial — siempre.

25 Sustitutos

Algunos ejemplos de sustitutos incluyen el restringir tu consumo a revistas pornográficas, imágenes, dietas pornográficas, etc. **NO USES NINGUNA DE ESTAS OPCIONES. ¡NINGUNA!** Solo harán que el dejar la pornografía te sea más complicado. Si llegas a tener un dolor de abstinencia y usas un sustituto para calmarlo, solo harás que se prolongue el dolor. Lo que realmente le estás diciendo a tu mente es que necesitas porno para saciar ese vacío. Sería como ceder ante un intento de secuestro, o a la rabieta de un niño, solo ocasionando que los dolores vayan y vengan, prolongando la tortura. Sea cual sea la situación, los sustitutos no aliviarán tus dolores. Tu ansia es por aminoácidos en el cerebro, y todo lo que va a ocasionar un sustituto es que sigas pensando en porno. Recuerda estos puntos:

- No hay un sustituto para el porno.

- No necesitas de porno. No es comida, es veneno. Cuando los dolores lleguen, recuerda que son los usuarios los que sufren estos dolores, no los no-usuarios. Ve estos dolores por lo que son, otro mal producido por la droga. Velos como las patadas de ahogado de El Monstruo.

- El porno de internet crea ese vacío, no lo cubre. Entre más rápido enseñes a tu cerebro que no necesitas del porno, más pronto serás libre. En particular, evita cualquier cosa que asemeje a la pornografía, como revistas para hombres, películas, novelas románticas, y comerciales. Esto no se trata de tener una mente cerrada. Está bien hablar de sexo y romance, pero no de pornografía. Siempre hay una manera de encontrar dónde y cómo discriminar. Es cierto que una pequeña porción de usuarios que tratan de dejar el porno viendo *softporn* o dietas de porno pueden llegar a tener éxito (desde su propia perspectiva), y atribuyen este éxito a dicho consumo. Sin embargo, ellos dejan la pornografía *a pesar de* su uso y no gracias a ello. Es desafortunado que muchos sigan recomendando estas medidas.

Esto no es sorpresa para nadie, ya que de no entender en su totalidad la trampa del porno, una dieta o un sustituto más suave sonará como algo lógico para un usuario. Una creencia que a su vez está basada en la creencia de que cuando quieres vencer tu adicción, tienes dos grandes enemigos a vencer:

- Romper el hábito.

- Sobrevivir a los terribles dolores físicos de abstinencia.

Si tienes dos poderosos enemigos a vencer, es esencial que no pelees con ambos simultáneamente, sino uno a la vez. Así pues, esta teoría dicta que cuando tratas de dejar el porno por primera vez, lo tienes que dejar de consumir por una semana o lo tienes que sustituir por algo más suave. Solo así el hábito es roto, gradualmente reduciendo tu dosis, y por lo tanto tacleando cada enemigo por separado.

Esto suena lógico, pero está basado en información incorrecta e ilógica. El porno no es un hábito, sino una adicción a la dopamina, y el dolor físico de abstinencia en sí es casi imperceptible. Lo que tienes que conseguir a la hora de dejarlo es matar a ambos monstruos, en tu cuerpo y mente, al mismo tiempo. EasyPeasy hace fácil dejar el porno de inmediato, porque mata el lavado de cerebro antes de tener tu última sesión. El pequeño monstruo pronto estará muerto, e incluso mientras muere, no seguirá siendo un problema más allá de lo que era cuando eras un usuario.

Solo piénsalo. ¿Cómo es posible que puedas curar una drogadicción recomendando esa misma droga? Hay muchas historias en línea acerca de aquellos que han escapado de la adicción utilizando porno *hardcore*, pero que terminan enganchados a géneros mucho *'más suaves'*, habiendo caído en los caprichos de su pequeño monstruo. No seas ingenuo ante el hecho de que el porno 'seguro' no es tan malo — tampoco lo era ese primer clip de alta-velocidad que viste. Todos los sustitutos tienen exactamente el mismo efecto que cualquier otro recurso pornográfico. Algunos incluso empiezan a comer más, pero, aunque ese sentimiento vacío de querer una sesión es casi indistinguible del hambre alimenticia, uno no puede satisfacer al otro. De hecho, si hay algo que esté diseñado para hacerte desear aún más el porno, es llenar tu estómago de comida. Como se dijo previamente, las dietas pornográficas y el porno solo te pondrán en medio del juego de jalar la cuerda, donde poner resistencia a las tentaciones es algo tan molesto, que dicha molestia se aliviará solo si das una visita a tu harem de internet favorito.

El mayor defecto de los sustitutos es que prolongan el verdadero problema, el lavado de cerebro. ¿Necesitas un sustituto para lidiar con la gripe cuando te curas? Claro que no. Al decir que necesitas de un sustituto, lo que realmente estás diciendo es que estás haciendo un sacrificio. La depresión asociada con el método de voluntad es causada por el hecho de que el usuario cree que está haciendo un sacrificio. Todo lo que se está haciendo es sustituir un problema por otro. No hay placer en llenar tu cuerpo de comida, de humo, de cigarro o de alcohol. Solo te pondrás gordo, miserable y en poco tiempo estarás de vuelta en tu droga predominante.

Los usuarios casuales encontrarán difícil el despedirse de la creencia de que están siendo privados de su pequeña recompensa, como aquellos a los que no se les permite entrar a internet durante un período vacacional familiar, un evento social, etc. Algunos dicen, *"no sabría cómo relajarme si no fuera por el porno"*. Eso prueba el punto, a veces los usuarios no toman ese descanso como debe de ser porque, en su estado de adicto — llamándolos por lo que son — necesitan deshacerse de *esa comezón*, de sus dolores de abstinencia.

Recuerda, las sesiones de porno nunca serán recompensas genuinas. Son el equivalente de ponerse zapatos incómodos solo para poder sentir el placer de quitárselos. Así que, si sientes que debes de tener una pequeña recompensa, deja que eso sea tu sustituto. Antes de ir a trabajar, ponte zapatos de una talla demasiado pequeña, y no te los quites hasta que tengas un descanso. Solo entonces, experimentarás el maravilloso momento de relajación y satisfacción a la hora de quitártelos. Quizá pienses que eso es algo un poco estúpido. Estás absolutamente en lo correcto. Puede ser difícil visualizar esto mientras sigues en la trampa, pero eso es lo que los usuarios hacen. También es difícil visualizar que pronto no necesitarás de esa pequeña 'recompensa', y que pronto observarás a tus amigos que siguen en la trampa con genuina pena, y que empezarás a preguntarte por qué no pueden verlo desde ese punto.

Sin embargo, si sigues engañándote a ti mismo con la idea de que una visita a tu *harem en línea* es una verdadera recompensa, o de que necesitas un sustituto, te sentirás privado y miserable. Hay una probabilidad enorme de que termines cayendo en la asquerosa trampa de nuevo. Si en verdad necesitas de un descanso genuino como lo necesitan las amas de casa, los maestros, doctores, o como otros trabajadores necesitan, vas a empezar a disfrutar más estos descansos ya que no tendrás que volverte adicto de nuevo. Recuerda que no necesitas de un sustituto. Los dolores de abstinencia son tu anhelo por dopamina, los cuales pronto serán desvanecidos. Deja que esto sea tu apoyo por los próximos días, y disfruta de deshacer de tu cuerpo y mente la esclavitud y dependencia.

26 ¿Debería evitar cualquier situación de tentación?

Cuando te aconsejamos que evites a toda costa el uso de sustitutos, te lo mencionamos más como una instrucción que como una sugerencia — consejo que está respaldado por varias, prácticas razones, las cuales están respaldadas a su vez por cientos casos de estudio. Sin embargo, con la pregunta de si evitar o no involucrarte con tu sexualidad, este no es el caso. Cada usuario debe tomar esa decisión por su cuenta. Sin embargo, podemos compartir dos buenas sugerencias para ayudarte a través de este proceso. Es el miedo a los dolores de abstinencia lo que nos mantienen usando pornografía, por el resto de nuestros días, y este miedo consiste de dos fases distintas:

Fase uno: ¿cómo podré vivir sin porno?

El miedo que acabamos de mencionar es ese sentimiento de pánico que el usuario siente cuando está soltero o tiene una pareja asexual, desinteresada o no disponible en el momento. Y este miedo, a su vez, no es causado por los dolores de abstinencia en sí, sino por el miedo psicológico de tener dependencia, de ser incapaz de sobrevivir sin tener ni sexo ni orgasmos. El miedo llega a su máxima en el período en que se intenta dejar la pornografía, justo cuando tus dolores de abstinencia están en su más baja. Es miedo a lo desconocido, esa clase de miedo que la gente siente cuando empieza a aprender a hacer caída en picada hacia una piscina.

La plataforma de salto está a medio metro de la piscina, pero parece estar a casi 2 metros. La profundidad de la piscina es de 2 metros, pero parece ser de medio metro. Requiere de coraje el poder saltar, y más aún si estás convencido de que vas a caer de cabeza al suelo. El salto es en sí la parte más difícil, pero si encuentras el coraje para hacerlo, ¡lo demás es fácil!

Esta alegoría explica por qué muchos usuarios de fuerte voluntad nunca han intentado parar, o por qué no pueden sobrevivir más allá de unos cuantos días cuando se lo proponen. De hecho, solo hasta que deciden parar, algunos usuarios que a su vez decidieron usar una dieta de porno terminan por escalar rápidamente a géneros y videos mucho más fuertes de lo que hubieran visto de no haber decidido parar. Esta decisión les causa pánico, lo cual es estresante y desencadena a su vez una señal para volver a entrar a su sitio de preferencia. Pero claro, recuerdan que no pueden volver a entrar, se lo prometieron — cosa que a su vez les causa sentimientos de privación y estrés compuesto.

Sé que te has sentido así, pero no te preocupes. El pánico es solo psicológico. Es el miedo a que quizá, eres dependiente. La buena noticia es que no lo eres, ni siquiera cuando eres un adicto. No entres en pánico, lánzate directo a la piscina.

Fase dos: miedo a los efectos a largo plazo

La segunda fase es a largo plazo, involucrando el miedo de que ciertas situaciones en el futuro no serán igual de disfrutables como antes, o de que no serás capaz de lidiar con el trauma sin poder ver porno. No te preocupes, si puedes dar *'el salto a la piscina'* encontrarás que la situación es todo menos eso. El evitar estas situaciones de tentación puede dividirse en dos categorías:

> *"Voy a intentar una dieta de porno, usándolo cada cuatro días. Me sentiré en confianza sabiendo que de todas formas puedo entrar a internet si llego a fallar. Cosa que está bien. Si llega a pasar solo tengo que agregar más días a mi ciclo."*
> La cantidad de gente que falla utilizando este método es **mucho más alta** que la de aquellos que dejan el porno en grupo. Esto se debe principalmente al hecho de que, si estás pasando por un mal momento durante el período de abstinencia, es fácil saltar directo al navegador y visitar tu harem sin excusa. Pero, si no tienes la dignidad para romper tus propias reglas como si se tratasen de

finas ventanas de cristal y decides no premiarte con porno, será más fácil para ti poder sobrellevar la tentación. Sin embargo, la razón principal por la que la tasa de derrota en estos casos es tan grande es porque el usuario no se sentía tan comprometido a parar en primer lugar. Recuerda, hay dos cosas esenciales que necesitas para tener éxito:

  o   Certeza.

  o   *"¿No es maravilloso que ya no necesito del porno?"*

En cualquier caso, ¿para qué necesitas una sesión? Si todavía sientes esa necesidad, vuelve a leer el libro primero. Hay ideas que aún no se solidifican. Tómate el tiempo para matar al monstruo que el lavado de cerebro crea.

- *"¿Debería evitar situaciones de estrés o algún evento social en el   período   de   abstinencia?* En el caso de las situaciones de estrés, sí. No tiene caso el ponerte presión de más. En el caso de los eventos sociales, como ir a un bar o a un antro, el consejo es a la inversa. Sal y diviértete. No necesitas del sexo o de la parte propagativa del mismo mientras eres un adicto para disfrutar de la vida. Sal y alégrate del hecho de que no necesitas del sexo, y verás rápidamente que la vida es bella sin tener este tipo de presiones en el pecho. Solo piensa en lo bien que te irá al haberte deshecho del pequeño monstruo, junto con todas las pequeñas necesidades y trucos que este conlleva.

27 El momento de la revelación

Usualmente, dado que haya pasado un lapso de 3 semanas después de haber dejado la pornografía, los ex-usuarios experimentan *el momento de revelación*. El cielo parece tornarse más brillante, y el lavado de cerebro por fin ha sido mitigado. Es cuando, en vez de decirte a ti mismo que no necesitas ver porno, de repente empiezas a darte cuenta de que el último hilo ha sido cortado, y que puedes disfrutar de tu vida sin necesitar de porno nunca más. También es en este punto donde empiezas a ver a los usuarios con pena de nuevo.

Los que utilizan el método de la voluntad no suelen experimentar este momento porque a pesar de ser ex-usuarios felices, siguen yendo por la vida pensando que están haciendo un sacrificio. Entre más tiempo hayas pasado siendo un adicto, mucho más maravilloso será experimentar esta revelación y mayor será el tiempo que dure ese sentimiento. En tu vida van a haber muchas alegrías que te harán la vida más amena, alegrías que al final del día probablemente termines olvidando. Pero la alegría de no tener que consumir porno nunca más, es diferente. Solo trata de recordar lo maravilloso que es no estar enganchado a esta droga cada vez que te sientas triste o deprimido. Hay algunos que incluso lo catalogan como el mayor logro de sus vidas. Y en algunos casos, incluso experimentan este momento de revelación no en 3 semanas, sino hasta algunos días después.

En mi caso, pasó después de haber acabado mi última visita. Pero estoy seguro de que algunos lectores, incluso antes de haber acabado el libro habrán dicho ya: *"No digas ni una palabra más. Lo puedo ver claramente. Sé que no necesitaré del porno nunca más."* Basándome en la retroalimentación recibida, esto pasa frecuentemente. Y en teoría, dado que hayas seguido todas las instrucciones correctamente y entiendas la psicología del adicto por completo, esto debería pasarte casi de inmediato.

Pero, aunque ya se ha dicho que te toma como cinco días para que la abstinencia física se haya ido, y como tres semanas para que el ex-usuario sea libre, esas pautas pueden llegar a causar dos problemas. El primer problema es que se sugestiona a los usuarios a pensar que tendrán que sufrir de cinco a tres semanas. El segundo es que los usuarios tienden a pensar, *"si puedo sobrevivir por cinco días y hasta tres semanas, podré notar un notable estímulo para cuando este período acabe"*.

Quizá tengan una tanda de cinco días muy placenteros, seguidos de una desastrosa tanda de días malos, los cuales no tienen nada que ver con la adicción, sino por otros factores. Es entonces cuando este ex-usuario, quien ha estado esperando este momento de revelación, experimenta un período de depresión a cambio. Esto podría destruir su confianza. Sin embargo, y por el otro lado de la moneda, si no hubiera una pauta, el ex-usuario entonces pasaría el resto de su vida esperando el momento de revelación. Cosa que suele pasar con aquellos que deciden usar su voluntad para parar.

La gente suele preguntarme acerca del significado detrás de la pauta de 'cinco días a tres semanas'. ¿Acaso son períodos sacados de la nada? No, aunque no son fechas exactas, son sacadas a su vez de retroalimentación que fui acumulando durante los años. Es hasta después de cinco días cuando usualmente, el usuario saca la adicción completamente de su cabeza. Muchos ex-usuarios experimentan la revelación alrededor de este período, generalmente en situaciones estresantes o situaciones sociales las cuales no habrían podido sobrellevar sin una visita a su harem. Y entonces te das cuenta de que no solo estás lidiando o disfrutando de la situación, sino que la sola idea del porno no ha llegado a pasar por tu mente. Es desde ese punto cuando se vuelve plenamente sencillo. Es cuando sabes que, por fin, eres libre.

Es tanto mi experiencia como la de otros que intentaron parar usando su voluntad la que dicta que después de tres semanas es cuando los más serios intentos de parar son fallidos. Lo que usualmente pasa es que después de tres semanas sientes que has perdido las ganas de ver porno.

Pero te lo tienes que probar, así que (irónicamente) haces la clásica 'miradita' y entras al modo incógnito. Se siente raro tener que probar que ya lo habías dejado. Pero en el proceso terminas engrasando los toboganes pornográficos con DeltaFosB gracias al subidón repentino de dopamina, eso por lo que tu cuerpo ha estado anhelando por tres semanas. Y tan pronto acabas, la dopamina se esfuma de tu cuerpo. Y un viejo amigo vuelve a aparecer, diciendo *"no lo has dejado, y quieres hacerlo de nuevo"*.

Obvio que no te escabulles a tu harem de nuevo porque no quieres engancharte otra vez, así que dejas que un período corto pero seguro pase. Y cuando vuelves a ser tentado, dices *"Bueno, no me enganché otra vez, y este período seguro prueba mi argumento. Así que, otra miradita tampoco me hará daño."* Y otra vez, de vuelta al tobogán. La cosa es que, la clave con el momento de revelación no es esperar el momento de revelación, sino darte cuenta de que una vez cierras tu navegador, ahí se acabó. Dejaste de ser un adicto. Has cortado el suministro de oxígeno del pequeño monstruo. Y no hay fuerza en la tierra que pueda prevenirte de que seas libre de su yugo, *a menos que te la pases deprimido porque ya has parado o que te quedes esperando el momento de revelación.* Así que ve, disfruta de tu vida. Lidia con ella desde el punto en que cierres el navegador. El momento llegará pronto.

28 La última visita

Habiendo decidido el momento adecuado, ya estarás listo para visitar tu harem por última vez. Pero antes de que lo hagas, considera estos dos elementos esenciales:

- ¿Te sientes seguro de que tendrás éxito?

- ¿Tienes algún sentimiento de perdición y oscuridad, o un sentimiento de emoción? ¿Sientes que estás a punto de lograr algo maravilloso?

Si tienes alguna duda, entonces vuelve a leer el libro primero. Recuerda que nunca decidiste caer en la trampa del porno, trampa que está diseñada para esclavizarte de por vida. Y para poder escapar, primero necesitas tomar la decisión positiva de que vas a parar, y de que tendrás tu última visita.

Recuerda, la única razón por la que has leído el libro hasta aquí es porque añoras dejar el porno. Así que toma esa decisión positiva, ahora. Realiza el solemne voto de que cuando cierres la *pestaña incógnita* de tu navegador, ya sea que te parezca algo fácil o difícil, no volverás a visitar ese lugar nunca más. Quizás estés preocupado por haber hecho este voto varias veces en el pasado, y que sigas fallando, o porque tendrás que pasar por un trauma terrible a pesar de tomar el voto. No tengas miedo, la peor cosa que podría pasar es que fracases, y recuerda, no tienes absolutamente nada que perder, sino todo lo contrario.

Deja de pensar en el fracaso, la verdad es que no solo es ridículamente sencillo dejarlo, sino que incluso puedes disfrutar del proceso. ¡Esta vez vas a usar EasyPeasy! Todo lo que necesitas hacer es seguir estas simples instrucciones:

- Tomar el solemne voto de que dejarás el porno ahora, y tomarlo en serio.

- Ten una sesión consciente. Navega entre videos y clips tratando de buscar los intentos desesperados de los administradores de la página, actores e incluso de amateurs por aumentar en ti el sentimiento de shock, novedad y de naturaleza supranormal, y pregúntate dónde se supone que está el placer en su contenido.

- Cuando finalmente cierres el navegador, no lo hagas con la mentalidad de *"no debo visitar otra página porno de nuevo"*, o *"no tengo permitido visitar otro sitio como este"*, en vez de eso, hazlo con un sentimiento de libertad: *"¿No es genial? ¡Soy libre, ya no soy un esclavo de la pornografía! No tendré que visitar estos asquerosos sitios de nuevo."*

- Sé consciente de que, en los próximos días, habrá un pequeño saboteador de la pornografía en tu estómago. Puede que solo estés consciente de sentir el deseo de querer una sesión. Y a pesar de que nos hemos referido al pequeño monstruo de la pornografía como ese pequeño anhelo físico por dopamina, es una forma incorrecta de verlo y es importante entender por qué. Dado que toma unas tres semanas para que ese pequeño monstruo muera, los ex-usuarios creen que el pequeño monstruo les continuará demandando después de la última visita, y por lo tanto estos ex-usuarios sienten que tendrán que usar su fuerza de voluntad para resistirse a la tentación durante este período. Esto no es así, el cuerpo no anhela la dopamina inducida por pornografía — es el cerebro el que lo desea.

Si llegaras a sentir esas ganas por ver porno en los siguientes días, tu cerebro tendrá una decisión simple. Puede interpretar ese sentimiento por lo que en realidad es — un sentimiento vacío de inseguridad que empezó desde la primera visita a un sitio de porno, sentimiento que se va perpetuando más por cada sesión subsecuente — solo para que te digas a ti mismo: **"¡ESTUPENDO! ¡YA NO SOY UN USUARIO!"**

O, puedes seguir con el antojo de pornografía, y sufrirlo por el resto de su vida. Piensa por un momento. Seguir sufriendo sería increíblemente estúpido, ¿no? ¿Decir *"no quiero volver a ver porno"*, y entonces pasar el resto de tu vida diciendo a su vez *"me encantaría dar otra visita…"*? Eso es lo que el método de la fuerza de voluntad hace con estos usuarios, y no hay duda del porqué se sienten tan miserables. Pasan gran parte de sus vidas desesperadamente deprimidos por algo que desean desesperadamente y nunca tendrán. No hay duda de que pocos intentos dan resultados y que algunos de esos pocos usuarios exitosos nunca se sienten completamente libres.

"Hágase esta imagen mental y hágala clara en su mente, ya que puede ser muy útil para superar el poder que los estímulos externos tienen sobre usted. Véase usted mismo sentado, callado, dejando que el teléfono suene, ignorando su timbre. Indiferente a su mandato. Aunque esté consciente del timbre, ya no le importa ni le obedece. A su vez, haga claro en su mente el hecho de que esta señal externa en sí misma ya no tiene poder sobre usted. No tiene el poder para moverlo. En el pasado le hubiera obedecido, le hubiera respondido, por pura fuerza de hábito. Pero ahora usted puede, si lo desea, formar un nuevo hábito: el de no responder. También tenga en cuenta que su éxito, el no contestar, no consiste en hacer algo, o en hacer un esfuerzo, ni en resistirse o pelear, sino en hacer absolutamente nada — consiste en la tranquilidad de no hacerlo. Usted simplemente descansa, ignora las señales y deja que la llamada sea desatendida. El timbre de un teléfono es una analogía simbólica a cualquier otro estímulo externo el cual puede que le haya dado control de forma habitual, y que en cambio decide alterar intencionalmente."
- Maxwell Maltz, "The New Psycho Cybernetics" capítulo 12

Es solo la duda y el estar esperando a que pase algo lo que hace difícil dejar el porno. ***Así que nunca dudes de tu decisión.*** Sabes que tomaste la decisión correcta. Si empiezas a dudarlo, te pondrás en una situación sin salida. Serás miserable por querer visitar ese harem en línea, sin poder a su vez, visitarlo. No importa qué sistema uses, ¿qué intentas lograr al renunciar a la pornografía? ¿No verlo nunca más? Muchos ex-usuarios hacen eso, pero terminan pasando el resto de sus vidas sintiéndose privados.

¿Cuál es la diferencia entre usuarios y no-usuarios? Los no-usuarios no tienen ninguna necesidad o deseo de ver pornografía, y no tienen las ganas ni la urgencia de ejercitar su fuerza de voluntad para no verlo. Eso es lo que intentas lograr y está completamente dentro de tu poder hacerlo. No tienes que esperar a que el deseo por ver pornografía se vaya o esperar a convertirte en un no-usuario, esto se consigue el momento en el que cierras esa última pestaña en tu navegador, cortando el suplemento de dopamina: **¡YA ERES FELIZMENTE UN NO-USUARIO!**

Y seguirás siendo un no-usuario feliz siempre que:

- Nunca dudes de tu decisión.

- No esperes a transformarte en un no-usuario. Si lo haces, solo estarás esperando a que no pase absolutamente nada, y crearás una fobia.

- No intentes *no pensar* en porno (¿el caballo blanco?) y no esperes a que venga el "momento de la revelación", solo crearás un miedo irracional.

- No uses ningún sustituto.

- Veas a los usuarios como en realidad son y que sientas pena por ellos, en vez de tenerles envidia.

Ya sea que tengas días buenos o malos, no cambies tu vida solo porque has renunciado al porno. Si lo haces, estarás haciendo un sacrificio cuando no hay necesidad. Recuerda, no has renunciado a vivir. No has renunciado a nada. Por el contrario, te has curado de una terrible enfermedad y has escapado de una prisión insidiosa. Mientras los días pasen, y tu salud — tanto física como mental — mejore, los altos en tu vida serán más altos y los bajos cada vez menos bajos que cuando eras un usuario. Y siempre que pienses sobre el porno durante los siguientes días o por el resto de su vida, solo piensa para ti mismo:

"¡ESTUPENDO! ¡SOY UN NO-USUARIO!"

28.1 Una última advertencia

Ningún usuario, dado que tuviera la oportunidad de volver en el tiempo a momentos antes de engancharse, y con el conocimiento que tiene ahora, optaría por comenzar. Miles y miles de personas, quienes satisfactoriamente dejaron el hábito después de muchos años, llevan vidas perfectamente felices, solo para ser atrapados por el porno una vez más. Confío en que este libro les ayudará a encontrar relativamente fácil el dejar el porno. Pero te advierto, los usuarios que encuentran sencillo dejarlo, les resulta recíprocamente sencillo empezar de nuevo. **No caigas en esa trampa.**

No importa por cuánto hayas parado o qué tan seguro estás de que no te engancharás nuevamente. Haz de esta regla una regla de por vida: no volverás a ver pornografía por ninguna razón. Resiste a las alusiones e insinuaciones de los medios (de comunicación), y recuerda cómo impulsan su propia imagen de "mente abierta", poniendo pornografía en todo contenido que sea *mainstream*, sin *"darse cuenta"* de que la pornografía, el porno de internet y la masturbación compulsiva son asesinos de relaciones y del sentido personal de bienestar para un gran número de hombres y de algunas mujeres.

Recuerda, solo *una miradita* o visita no hará nada por ti. Crearás dolores de abstinencia que aliviar y te hará sentir muy mal. Solo pondrás el placer por dopamina de vuelta en tu mente y en tu cerebro, además de darle paso al regreso de una pequeña voz en lo profundo de tu mente, que te estará diciendo que *quieres más*. Entonces tendrás la decisión de ser infeliz por un tiempo, o de empezar todo el mugriento ciclo de nuevo.

29 Retroalimentación

La guerra no es en contra de los usuarios, sino en contra de la tramposa industria pornográfica — una guerra que me gusta librar por la simple razón de que la disfruto. Cada vez que escucho acerca de un usuario que está escapando de la prisión, obtengo un sentimiento de inmenso placer. Pero este placer no se ha conseguido sin haber pasado primero por una considerable frustración, principalmente causada por dos tipos de usuario. A pesar de la advertencia que puse en capítulos anteriores, sigo continuamente sorprendido por el número de personas que lo encuentran fácil de dejar, y que, aun así, vuelven a engancharse y descubren que no pueden tener éxito la siguiente vez.

Es como encontrar a alguien en un pantano, con el agua hasta el cuello y a punto de hundirse por completo. Lo logras sacar de ahí y este te agradece de todo corazón, solo para que meses después vuelvas a pasar por el mismo pantano y encuentres a la misma persona a punto de dar un clavado dentro, de nuevo. Los usuarios que les parece sencillo dejarlo y empiezan de nuevo poseen un problema especial. Sin embargo, si consigues librarte de la adicción, **POR FAVOR, POR FAVOR NO COMETAS EL MISMO ERROR.** Estos usuarios creen que regresaron a la adicción porque siguen enganchados y que extrañan la dopamina. De hecho, confían en que parar es tan fácil que perderán su miedo a la pornografía. Piensan, *"puedo tener una sesión de vez en cuando, y si me engancho de nuevo, podré sencillamente dejarlo".*

Me temo que no funciona así. Es fácil dejar de ver pornografía, pero es imposible controlar la adicción. Lo esencial para detener tu consumo de porno es no usarlo.

El otro tipo frustrante de usuario es aquel que está muy asustado como para intentar controlar la adicción, o que cuando lo hace, le parece una gran lucha. La dificultad que este usuario experimenta puede residir en los siguientes factores:

Tiene miedo al fracaso. No hay vergüenza en el fracaso, y ni siquiera intentarlo es algo bastante estúpido. Velo de esta manera, te estás escondiendo de nada. La peor cosa que puede pasar es que falles, en cuyo caso no estarás en un peor estado que el de ahora. Solamente piensa en lo maravilloso que sería triunfar. Si no haces el intento, ya está garantizado tu fracaso.

Tiene miedo al dolor y a ser miserable. No te preocupes por eso. Piensa: ¿qué sería lo peor que te pasaría si dejaras de ver pornografía? Absolutamente nada. *Pasarán cosas terribles* si continúas, vuelve a leer las notas sobre la apuesta de Pascal. En cualquier caso, el pánico es causado por la dopamina, pánico que pronto desaparecerá. La mayor ganancia es deshacerse de este miedo. ¿De verdad crees que los usuarios están preparados para desarrollar disfunción, tener un desempeño sexual deplorable, o a tener el placer ilusorio que consiguen del porno? Si llegas a entrar en pánico, respira profundamente. Si estás con otras personas y estas te recuerdan que has escapado de la adicción, a la par de hacer que te deprimas por ello, aléjate de ellos y ve a algún garaje, a una oficina vacía o a cualquier lugar solitario.

Si tienes ganas de llorar, que no te dé vergüenza. Llorar es una forma natural de liberar tensión. No hay nadie que no se sienta mejor después de haber llorado. Una de las terribles cosas que hacemos nosotros los hombres jóvenes es condicionarnos a no llorar. De seguro has visto cómo algunos luchan consigo mismos para no llorar, y que a su vez puedes ver como sus mandíbulas están rechinando. Nos enseñamos a nosotros mismos a no mostrar emociones, cuando estas emociones no están destinadas a ser reprimidas en el interior. Grita, vocifera o suelta insultos al aire. Patea algo. Considera tu lucha como un combate de boxeo que no puedes perder. Nadie puede parar el tiempo, y cada momento que pasa ese pequeño monstruo dentro de ti, está agonizando. Disfruta de tu victoria inminente.

No siguió las instrucciones. Es increíble ver que algunos usuarios dicen que este método no funcionó para ellos. Solo para después comentar que no solo ignoraron una instrucción, sino todas las instrucciones. Para hacerlas más claras, estas instrucciones están resumidas en forma de lista al final de este capítulo.

Malinterpretó las instrucciones. Lo cual se expresa en los siguientes puntos:

- **"No puedo dejar de pensar en porno":** Por supuesto que no puedes, y si lo intentas, solo crearás una fobia, convirtiéndote en un desdichado. Es como intentar dormir en la noche; cuanto más lo intentas, más difícil se vuelve. No importa si piensas en porno el 90% de tu vida, lo que reflexionas al respecto es lo importante. Si piensas *"oh, amo ver porno"* o *"¿cuándo seré libre?"*, serás miserable. Si en vez de eso piensas *"¡Estupendo! ¡Soy libre!"*, serás feliz.

- **"¿Cuándo morirá el pequeño monstruo?":** El flujo de dopamina saldrá de tu cuerpo muy rápidamente, sin embargo, es imposible discernir cuándo es que tu cuerpo dejará de saciar estas pequeñas dosis de dopamina. Este sentimiento de inseguridad es idéntico al del hambre, depresión o al estrés. Todo lo que hace el porno es incrementar el nivel de ese sentimiento. Es por eso que los usuarios que usan el método de fuerza de voluntad nunca están seguros si se deshicieron del monstruo, incluso después de que su cuerpo ha dejado de sufrir la abstinencia de dopamina. Si se sufre de hambre o estrés, el cerebro del usuario le seguirá diciendo que eso es una razón válida para poder tener una sesión. El punto es que no tienes que esperar a que el antojo se vaya, es tan leve que ni siquiera sabemos si está ahí, solo lo entendemos como un sentimiento de deseo. Cuando sales del dentista, ¿esperas a que tu mandíbula deje de doler? Por supuesto que no, sigues con tu vida. Incluso si tu mandíbula te sigue doliendo, sales del consultorio eufórico por haberte curado.

No esperes a que se vayan los dolores de abstinencia, sino crearás dudas en ti mismo al preguntarte constantemente: *"¿Cuánto tiempo tomará esto? ¿Soy siquiera libre si no me siento diferente?"* El miedo es una verdadera angustia, por lo tanto, esperar a que te pongas mejor después de renunciar solo creará dudas. La abstinencia es imperceptible a menos que le temas, y las mejoras neurológicas son lentas, así que, si esperas a que te sientas diferente, sentirás como si nada hubiera pasado, generando duda.

- **"El 'momento de la revelación' no ha llegado":** Si esperas este momento, solo estarás causando otra fobia. Una vez paré por tres semanas con el MFV. Y charlando con un viejo amigo, me preguntó cómo me estaba yendo. *"He sobrevivido tres semanas"*, respondí. Él contestó, *"¿A qué te refieres con que has 'sobrevivido' por tres semanas?"*, le clarifiqué, *"He pasado por tres semanas sin ver pornografía."* Él dijo, *"¿Y qué vas a hacer ahora? ¿Sobrevivir por el resto de tu vida? ¿Qué esperas? Lo has conseguido, ya eres un no-usuario."* Pensé, *"Tiene toda la razón. ¿Qué estoy esperando?"* Desafortunadamente, y debido a la falta de entendimiento de la trampa, estaba a punto de fallar en ese intento, pero entiendes el punto. Te conviertes en un no-usuario cuando cierras el navegador. Lo importante es ser un no-usuario feliz desde el principio.

- **"Sigo con el antojo de porno":** Entonces estás siendo estúpido. ¿Cómo puedes proclamar ser un no-usuario y entonces decir que quieres ver porno? Es una contradicción. Si dices que quieres ver pornografía, estás diciendo que quieres ser un usuario. Los no-usuarios no quieren visitar

173

esos desagradables sitios. Ya sabías lo que querías ser, así que deja de castigarte a ti mismo.

- **"He optado por dejar de vivir"**: ¿Por qué? Todo lo que tienes que hacer es dejar de matar a tu cuerpo y empezar a energizarte. No tienes que parar de vivir lo más mínimo. Es así de simple, solo tendrás un leve trauma en tu vida. El cuerpo sufrirá la agravación casi imperceptible de abstinencia, de demandas y reclamos por querer ese aumento de dopamina. Ahora, ten en cuenta lo siguiente: no eres peor de lo que eras antes. Este mal es por lo que has estado sufriendo durante toda tu vida, cada vez que has estado somnoliento, en la iglesia, en el supermercado o en la biblioteca. No parecía molestarte mientras eras un usuario y si no paras ahora, seguirás sufriendo esta angustia por toda tu   vida.
 La pornografía y los orgasmos no crean ocasiones especiales, te privan de ellas. Incluso mientras tu cuerpo siga teniendo antojo de dopamina, las cenas y las reuniones sociales se volverán aún más maravillosas. La vida es así de maravillosa, solo sal con tus amigos, incluso si van a un bar de *'striptease'*. Recuerda que tú no eres el que está privado de este tipo de ocasiones, sino los usuarios. Disfruta de ser el protagonista y centro de atención. Incluso, el detener la pornografía es un maravilloso tema de conversación, dado que obtuviste un placer secreto que otros no pueden obtener. Tus amigos y conocidos, quienes te consideraban como alguien triste y tímido, estarán sorprendidos de ver que ahora eres el más feliz y alegre del lugar. Disfrutarás de tu vida desde el principio, y ni siquiera habrá necesidad de envidiar a los *artistas del ligue* cuando vayas a fiestas, estos te estarán envidiando a ti — si tan solo supieran.

- **"Soy infeliz e irritable":** Esto es por no seguir las instrucciones. Encuentra cuál de todas es. Algunas personas entienden y creen todo lo aquí escrito, pero aun así empiezan con una sensación de fatalidad y tristeza, como si algo terrible fuera a suceder. Anímate, no solo estás haciendo lo que te gustaría hacer, sino también lo que a cualquier usuario del planeta le gustaría. Como con cualquier otro método para dejarlo, el ex-usuario estará tratando de conseguir cierto estado de ánimo, por lo que cada pensamiento que tenga que ver con porno siempre es respondido con un *"WOW, SOY LIBRE"*. Si ese es tu objetivo, ¿por qué esperar? Empieza con un buen estado de ánimo ahora, y no lo pierdas. No hay de otra.

- **"Tuve una buena semana / un buen mes / unos buenos seis meses, pero aun así caí de nuevo en la trampa":** Haz memoria, el miedo es el dolor en sí. Entregarte al dolor solo genera más miedo, alimentando al ya debilitado monstruo pequeño, el cual termina por asustar al no-usuario, haciendo que piense que ya está enganchado de por vida. No es que hayan olvidado cómo funciona el lavado de cerebro, sino que le dieron espacio a su mente para pensar y extrañar la dopamina. Puede que hayan podido caer hacia adelante, pero siguen sin entender las instrucciones. Por lo cual, te dejo la ya mencionada lista. Léela y piensa cuál de las siguientes instrucciones falta de solidificarse en tu mente.

29.1 Lista de verificación

Es imposible fallar si sigues las siguientes instrucciones:

- Haz un voto solemne de que nunca entrarás a la web para visitar tu harem favorito, NI por imágenes, NI por contenido erótico, NI por nada que contenga algún estímulo supranormal, y apégate a ese voto.

- Tenlo en claro: no hay nada a que rendirse. Y eso no significa que serás mejor persona si eres un no-usuario (eso ya lo sabes), ni que a pesar de que no hay razón racional del porqué continúas tu adicción, obtienes algún tipo de placer o ayuda del porno, ya que de lo contrario no querrías dejarlo. Lo que significa que **no hay placer o alivio genuino en consumir porno y masturbarte**. Solamente es una ilusión, como chocar tu cabeza contra la pared para obtener el placer de detenerte.

- No hay tal cosa como un adicto de por vida. Solo eres uno de los cientos de millones que han caído en la trampa. Y como cualquiera de los millones de ex-adictos que una vez pensaron que no podrían escapar, ya has escapado.

- Si en algún momento de tu vida llegas a comparar los pros y contras de la adición, recuerda que la abrumadora conclusión siempre será *"¡deja de hacerlo, eres un tonto!"* Nada cambiará eso. Siempre ha sido así y siempre lo será. Habiendo tomado lo que sabes que es la decisión correcta, no te tortures con la duda. La apuesta de Pascal aplica perfectamente con la adicción. No hay posibilidades de perder a lo grande, hay grandes posibilidades de ganar, y nada que perder en lo absoluto.

- No intentes no pensar en porno, y no te preocupes por estar pensando en porno constantemente. Cuando sea que lo estés pensando, sin importar el día, si lo piensas mañana, o el resto de tu vida, solo piensa **"GENIAL, SOY UN NO-USUARIO"**.

- **No uses ninguna** forma de sustituto. **No te retes** a ti mismo, al mantener tu laptop cerca mientras duermes. **No evadas ninguna** función de cine, ninguna película o revista. **No cambies tu estilo de vida** de ninguna manera solamente porque ya has dejado el porno. Si sigues las instrucciones de arriba, pronto experimentarás el "momento de revelación", pero:

- No esperes a que llegue el "momento de revelación". Solo sigue con tu vida, disfruta de los altibajos y de afrontar los malos momentos. Descubrirás que en poco tiempo llegará ese momento.

30 Ayuda a aquellos que se están hundiendo

El pánico que los usuarios de porno sienten hoy en día sigue creciendo gradualmente, viendo como la percepción de hombres y mujeres respecto a la pornografía va cambiando, para mal. La naturaleza adictiva del porno está siendo estudiada cada vez más a menudo, dado a la diferencia que muchos notan respecto al porno de internet y el porno de antaño. La falta de esfuerzo y la gran disponibilidad para encontrarlo está alarmando hasta a los más empedernidos usuarios de porno. Incluso sienten que su cruzada por *la libertad de expresión y pensamiento* está siendo secuestrada por varios elementos. Este "salvaje oeste", un internet sin ley hace casi imposible el hacer cumplir restricciones de edad a este "estímulo supranormal". Es desafortunado saber que esto no tendrá fin muy pronto, pero cientos de miles de usuarios ya están dejándolo, con muchos de los más adictos usuarios siendo conscientes de los estudios que muestran similitudes entre la pornografía y el abuso de sustancias. Cada vez que un usuario deja el barco hundiéndose, los que siguen a bordo se sienten incluso más miserables.

Cada usuario sabe instintivamente que es ridículo ponerse el pie a sí mismo, pasar tiempo en frente de píxeles bidimensionales, súperestimulando su cerebro y en el proceso, desarrollando vías neurales que garantizan un pobre desempeño sexual. Si aún piensas que esto no es ridículo, solo párate en un puesto de revistas que esté en el centro de tu ciudad, busca y conversa con una revista pornográfica y pregúntate a ti mismo cuál es la diferencia. Solo nombra una. No puedes obtener el mismo calor y la misma intimidad placentera del sexo de esa manera. Si puedes dejar de comprar alcohol y cigarros cada vez que vas a un supermercado, definitivamente puedes dejar de visitar tu harem virtual. Los usuarios no pueden encontrar razones racionales para seguir viendo pornografía, pero no se sienten tan apenados si otras personas lo están haciendo también.

Los usuarios mienten descaradamente sobre su hábito, no solo a investigadores y a quienes los rodean, sino también a sí mismos. Tienen que hacerlo. El lavado de cerebro es esencial si quieren mantener un poco de respeto por su estado de usuarios. Sienten la necesidad de justificar su hábito no solo a sí mismos, pero también a los que no la usan. Van por la vida propagando las ventajas ilusorias de la pornografía de manera sutil.

Si un usuario detiene su consumo usando el MFV, se seguirá sintiendo despojado, cosa que lo tiende a convertir en una persona quejumbrosa. Y todo lo que hace esto es confirmar a otros usuarios el bien que hacen para sí mismos al seguir usándolo. Si el ex-usuario consigue dejar el hábito, estarán agradecidos de no tener que ir por la vida autosaboteando o gastando energía, y, además, no tendrán la necesidad de auto justificarse. Pero recuerda, es el miedo el que mantiene al usuario con la cabeza en la arena, haciendo que solo cuestione su comportamiento después de haber dejado el hábito. Ayuda al usuario a remover esos miedos. Dile lo maravillosos que es no ir por la vida viviendo en una prisión, y qué tan maravilloso es despertarse en la mañana sintiéndose muy atlético y saludable, en lugar de amanecer sin energía y auto despreciándose. Dile qué maravilloso es ser libre de la esclavitud, el ser capaz de disfrutar su vida entera y librarse de esas sombras oscuras. O incluso mejor, haz que lean este libro.

Es esencial no menospreciar a alguien casado diciéndole que está deliberadamente destruyendo su relación, o que es una forma de infidelidad o una actividad sucia. Existe un concepto erróneo, que dicta que un ex-usuario es el más terco en este aspecto. La idea tiene fundamento, pero generalmente es gracias a que dejaron el hábito con el MFV que son así. Debido a que el ex-usuario (a pesar de haber dejado el hábito) todavía retiene un poco del lavado de cerebro y sigue creyendo que hizo un sacrificio. Se sienten vulnerables y su mecanismo de defensa natural es atacar al actual usuario de pornografía.

Esto podría alimentar el ego del ex-usuario, pero no le ayuda en nada al usuario actual. Todo lo que hace es arrinconar a este último, haciéndolo sentir incluso más miserable, y consecuentemente haciendo que su necesidad de pornografía sea más grande. A pesar de que el cambio en la actitud de las instituciones médicas respecto al porno en internet se mantiene como la razón por la cual muchos usuarios lo están dejando, esto no hace las cosas más fáciles. De hecho, hace que sea mucho más difícil. Muchos de los usuarios hoy en día creen que están dejándolo por razones meramente médicas. Cosa que no es enteramente cierta.

A pesar de que el enorme aumento de riesgo a la salud es obviamente la principal razón para dejarlo, los adictos ya han saboteado por años su virilidad, y el conocer ese riesgo no hará ni la más mínima diferencia. La razón principal del porqué los adictos están dejándola es porque la sociedad está empezando a ver la pornografía sin filtros, por lo que realmente es: una drogadicción. La actitud de la sociedad está lentamente cambiando — lo más probable ahora es que tu pareja te pregunte por qué estás en tu laptop a altas horas de la noche. La prohibición total de la pornografía en algunos países o la indisponibilidad del internet son ejemplos clásicos del "dilema del usuario viajero". Generalmente, los usuarios tomarán la actitud de que les ayudará a reducir su consumo. Pero resulta que en lugar de ser un día o dos, ninguno de los cuales habrían disfrutado, se abstienen por una semana completa. Sin embargo, durante este forzado período de abstinencia, no solo se sentirán mentalmente privados, esperando por su premio, su cuerpo también estará ansiándolo. ¡Oh, cuán preciosa es la visita a ese harem cuando eventualmente se les permite!

Las abstinencias forzadas no reducen el consumo porque el usuario solo se inclina más a su adicción cuando por fin se le permite ser libre. Lo único que hace es arraigar en la mente del usuario cuán 'preciosa' es la pornografía en internet y cuán dependiente es de ella. Y el más engañoso aspecto de esta abstinencia forzada es su efecto en adolescentes. En primer lugar, permitimos que los secuestradores de la 'libertad de expresión', los productores de pornografía elijan como blanco a adolescentes desafortunados para engancharlos. Después, en el que probablemente sea el período más estresante en sus vidas, cuando sus engañadas mentes necesiten de pornografía sobre todas las cosas, los chantajeamos para dejarla, por el daño que se causan a sí mismos con ella.

Muchos son incapaces de dejarlo, y son forzados, sin ser realmente su culpa, a sufrir de un complejo de culpabilidad por el resto de sus vidas. Muchos consiguen dejarlo y se regocijan de ello, pensando, *"bien, lo dejaré solo por ahora, y para cuando termine este período, estaré curado de todas formas"*. Luego viene el dolor y el miedo de encontrar un trabajo y otros problemas de adultos, seguido del 'pico' más alto de sus vidas — encontrar un trabajo en cuestión. Y para cuando el dolor y el miedo se terminen, con estos usuarios sintiéndose seguros, sus viejos mecanismos neuronales vuelven a operar. Parte del lavado de cerebro sigue ahí después de todo, y para cuando el olor de la laptop nueva que su trabajo les proporcionó desaparezca, el usuario ya estará al umbral de su página favorita. La emoción que sienten por esta ocasión especial bloquea los sentimientos de culpa de su mente. No tienen la intención de engancharse de nuevo, pero una sola vez no los matará… ¡Demasiado tarde! Ya están enganchados de nuevo.

La vieja ansia del 'pequeño monstruo' comenzará otra vez, y aun si no se enganchan de inmediato, un período efímero pero agudo de depresión probablemente los enganche de nuevo. Es extraño que, aunque los adictos a la heroína sean criminales de ley, la sociedad sigue respondiendo a sus llamados de auxilio. Hay que adoptar la misma actitud hacia el pobre usuario de pornografía. No lo hacen porque quieran, sino porque piensan que tienen que hacerlo. Y a diferencia del adicto a la heroína, los usuarios de porno usualmente tendrán que sufrir año tras año de tortura mental y física. Siempre decimos que una muerte rápida es mejor que una lenta, así que no envidies al pobre usuario de pornografía. ***Merecen de tu lástima.***

31 Consejos para los no-usuarios

31.1 Ayuda a que tus compañeros usuarios lean este libro

Antes que nada, estudia todo el contenido de este libro y trata de ponerte en los zapatos de un usuario. No los fuerces a leer el libro, diciéndoles que están arruinando su salud o que están jugando con fuego. Ellos lo saben mucho mejor que tú. Los usuarios no dejan de usar pornografía porque la disfruten o porque quieran, eso se lo dicen a ellos mismos y a los demás en orden para mantener un poco de respeto por sí mismos. Lo hacen porque son dependientes de ella, porque creen que los relaja, que les da coraje y confianza (placer o apoyo) y porque sienten que la vida nunca será disfrutable sin "sexo" — o al menos, sin la visión de sexo que tienen ellos. Si intentas forzar a un usuario a detenerse, harás que se sienta como un animal enjaulado, deseando aún más su harem. A su vez, eso podría convertirlo en un usuario secreto, haciendo que la pornografía se vuelva todavía más preciada en su mente.

En vez de eso, trata de concentrarte en el otro lado de la moneda. Haz que entren en contacto con otros ex-usuarios (que entren a blogs, foros, YBOP, NoFap, Reddit, etc.). Que lean cómo estas personas pensaban que estarían enganchados de por vida, y cómo mejoró su vida al convertirse en no-usuarios. Una vez que les hagas ver que detenerse es posible, sus mentes empezarán a abrirse. Entonces, empieza a explicarles la ilusión que los dolores de abstinencia crean. Hazles entender que no solo las constantes "dosis de dopamina" dejaron de tener efecto en sus cuerpos, sino que además están destruyéndose a sí mismos, haciéndose más irritables, flojos y destruyendo su confianza al mismo tiempo.

Para ese entonces, ya deberían estar listos para leer el libro, a pesar de que esperen leer páginas y páginas sobre historias de usuarios que desarrollaron disfunción, estudios sobre desensibilización, disfunción inducida por pornografía, etc. Es importante que también les expliques que este método es completamente diferente, y que todos los aspectos biológicos sobre la pornografía abarcan una pequeña fracción del material en este libro.

En resumen, no dejes que el libro termine aquí. Cuéntaselo a tus amigos, pero no actúes raro sobre esto. Al querer 'ganar' en la conversación o debatir con ellos, solo harás que se cierren al tema, e incrementarás sus miedos.

31.2 ¿Debería contárselo a mi pareja?

"¿Debería informarle a mi esposa, novia o pareja sobre mi hábito?" La intención que tienes al decirle es que te ayude a dejarlo, pero hay múltiples factores en juego.

Si ya fallaste en dejarlo usando el MFV, y, además, ya se lo dijiste a tu pareja, cuéntale sobre este nuevo método, y deja que se eduque a sí mismo/misma leyendo este libro. Estarán dispuestos a asistirte y motivarte durante el período de abstinencia, y te serán de apoyo cada que el pequeño monstruo intente hacerte tropezar.

Si apenas tomaste consciencia sobre la trampa del porno, y no has intentado detener tu consumo en el pasado, entonces empieza por acabar el EasyPeasy por tu cuenta. Como mencioné anteriormente, esto debería ser una experiencia disfrutable. Sin embargo, si te resulta difícil, entonces pide ayuda a tu pareja. Sé abierto y vulnerable con él/ella, y te aseguro que incluso se fortalecerá su relación.

De todas formas, siempre y cuando disfrutes del proceso y no lo encuentres complicado, no hay mucha razón en dejar que tu pareja lo sepa. Si tu consumo no resultaba un problema muy grande en el pasado, déjalo morir sin más. Ah, pero eso sí, ¡prepárate, porque tu pareja empezará a hacer demasiadas preguntas sobre por qué te ves, te sientes y te comportas mucho mejor y más reluciente que antes!

31.3 Mi pareja está dejando la pornografía

La pornografía es un perverso destructor de relaciones, y a pesar de que dejarlo puede ser instantáneo, cicatrizar las heridas toma tiempo. Hay muchos usuarios que, debido a las creencias irracionales generadas por su adicción, arremeten su ira contra sus parejas y seres queridos. Estos comportamientos son manifestados en *gaslighting* (abuso psicológico), mentiras y manipulación. Esto no sucede con todos los usuarios, pero es una conducta que comúnmente se incrementa en etapas tardías de la enfermedad. Además de que estos comportamientos manipuladores puedan manifestarse por debajo de la mesa, por lo que es importante que te eduques sobre estos comportamientos y de reconocerlos, considera consultar a un terapeuta especializado en adicciones sexuales.

Si tu pareja se encuentra en el período de abstinencia, asume que está sufriendo, aun si están sufriendo de verdad o no. No intentes minimizar su estado, diciéndole que es fácil dejar la pornografía. Tu pareja lo sabe, y puede hacerlo por cuenta propia. En vez de eso, trata de recordarle constantemente lo orgulloso/a que estás de él/ella, cómo mejora su aspecto con los días, lo dulce que es estar con él/ella ahora y lo fácil que resulta tratar con él/ella ahora. Es particularmente importante que lo hagas constantemente, ya que cuando un usuario empieza un intento por detener su consumo, la euforia por este intento y los halagos que recibe de su pareja le serán de inmensa ayuda. Sin embargo, puede que lo olvide rápidamente, así que no te detengas con los cumplidos.

Recuerda también que a pesar de que ya no mencione nada acerca sobre su consumo de pornografía o de pornografía en general, no significa que ya lo haya olvidado y que no quiere que se lo recuerdes. Usualmente, el caso es completamente opuesto a cómo es con el MFV, ya que es con este método donde los ex-usuarios tienden a obsesionarse con no pensar en pornografía y nada más. Así que no tengas miedo de traer de vuelta el tema. Sigue animando a tu pareja, él/ella te dirá si quiere o no que se lo recuerdes.

Haz todo lo posible por aliviar a tu pareja de la presión que tenga durante el período de abstinencia, y piensa en formas de hacer que su vida sea más interesante y disfrutable. Este período también puede ser difícil para los no-usuarios, quienes nunca han experimentado el sufrir de esta adicción. Si una persona en un grupo de amigos está irritable, puede transmitir esas malas vibras a los demás miembros. Así que anticipa los momentos en que el ahora ex-usuario pueda sentirse irritable, ya que puede que lo arremeta contra ti. Pero no lo tomes a mal, este es el período en donde más necesitan de elogios y simpatía. Y si llegas a sentirte irritable, trata de no mostrarlo.

Uno de los tantos trucos que un usuario que está intentando dejar el porno con el MFV usará cuando intente rendirse es el de hacer *rabietas*, con la esperanza de que su pareja o amigos digan: *"No soporto verte sufrir así. Por el amor de Dios, solo tómate tu veneno y ya."* Así, el usuario no puede sentirse culpable. No está "renunciando", alguien le *ha dado permiso* de hacerlo. Si tu pareja llega a usar esta táctica, no lo animes a recaer, bajo ninguna circunstancia. En su lugar, di algo como: *"Conque esto es lo que el porno te hace, ¿eh? Gracias a Dios, pronto serás libre. Es maravilloso que tuvieras el coraje para dejarlo."*

Y recuerda, hay dos lados de la moneda dentro de este viaje de recuperación. Cuando tu pareja está dejando la pornografía, es importante que TÚ también tengas tu propio sistema de apoyo, que tengas tus momentos y actividades de autocuidado y que pongas límites. Este proceso no ocurre de la noche a la mañana, requiere de confianza, comunicación y rendición de cuentas. Anotar tus observaciones en un diario, desarrollar tus propias pasiones y, lo más importante, ir a terapia, ayudan a este proceso.

31.4 Resbalones (recaída)

La existencia de esta sección debería servir como una advertencia para aquellos que ya abandonaron la trampa. Personalmente, nunca he recaído, pero voy a utilizar experiencias que recopilé a raíz de entrevistas con miembros de la comunidad y algunas herramientas de terapia cognitiva-conductual para ilustrar el tema.

Primero, llamarlo *recaída* es contraproducente. Cuando uno recae es porque se ha resbalado. Todo lo que este usuario hizo fue alimentar al pequeño monstruo, que a su vez puso en marcha el Gran Monstruo del lavado de cerebro. Los usuarios que se resbalan (cosa que al final del día, resulta ventajosa) suelen generar toda una gama de creencias irracionales:

- *"Jamás seré libre"* — **Catastrofización**

- *"Debo / tengo que ejercitarme, estudiar y ser fructífero cada día de mi vida"* (masturbación)

- *"Acabo de masturbarme, ¿y de qué sirvió leer tantos libros y foros? Mi objetivo ni siquiera era dejar de masturbarme, pero aquí estoy — soy un fracasado, que terminó recayendo."* — **Baja tolerancia a la frustración**

- *"Mis amigos / los usuarios de un foro / otros dejarán de usar porno durante (n) días, pero ni siquiera puedo hacerlo, porque soy un caso perdido. Me sentí bien ayer desde que estudié adecuadamente y aproveché mi día, pero hoy no me siento igual. Estoy yendo cuesta abajo."* — **Compararse con otros**

- *"No debería tener pensamientos sexuales"* — Estos usuarios mismos, sus padres y la sociedad en conjunto han instalado **rígidas creencias** sobre el sexo. Quiero que te cuestiones: ¿Si la autoflagelación realmente ayuda a alcanzar tus objetivos, está garantizado que disfrutes del viaje también? *¿De qué sirve alcanzar tus objetivos si el camino es tortuoso?*

Los factores que conforman el lavado de cerebro de cada usuario son, aparentemente, infinitos. Y tú lo sabes mejor que nadie: los usuarios que recaen fallaron en entender las instrucciones. Este usuario volvió a darle valor al porno en su mente, pero ¿cómo lo hizo?

Lo que a menudo se pasa por alto es que revertir el lavado de cerebro toma tiempo. Esto no lo hace más difícil, pero casi todas las industrias (cine, música, publicidad, etc.) usan el sexo como un factor de venta, y contrarrestar activamente el lavado de cerebro es un proceso consciente (al menos al inicio), por lo que podría llevar tiempo solidificar completamente las lecciones contenidas aquí. Por lo tanto, recomiendo fuertemente releer el libro varias veces (puedes saltarte a los capítulos que todavía no entiendes al 100%), cosa que no debería tomarte mucho tiempo.

Una experiencia sorprendentemente común para los usuarios religiosos que dejan la trampa es la de querer que el proceso sea medianamente doloroso, a manera de expiación. Lo encuentran fácil de dejar, pero luego terminan sintiéndose culpables por sentir que fue fácil. ¿Pero por qué autosabotear tu proceso, y hacerlo conscientemente difícil? El pequeño monstruo es muy astuto en este sentido, y puedo aprovechar este hueco. Así que maneja este aspecto con cuidado.

Disocia al pequeño monstruo de tu mente, el cual fue añadido hace mucho tiempo gracias a la industria de la pornografía. Imagina a este monstruo como un matón que hace rabietas en el patio de recreo de la escuela. ¿Qué le dirías al matón? Si te rindes ante sus caprichos, le darás más poder. Algunos usuarios que dejaron el porno terminan alimentando los caprichos del matón y aumentan su lavado de cerebro, a pesar de que su conceptualización de la trampa no ha cambiado. ¡Así que levántate, descubre dónde te equivocaste y disfruta de la libertad!

Tú no eres tus impulsos. La meditación *Mindfulness* es la práctica de señalar el pensamiento en su propia naturaleza, y hay lecciones fundamentales acerca de la naturaleza de la mente que puedes encontrar en internet. Es muy recomendable que medites, en general, además de ser completamente compatible con cualquier práctica religiosa. No puedes luchar contigo mismo, ni con el pequeño monstruo. Tienes que amarte incondicionalmente, a ti mismo y al proceso.

Así que remueve la idea del fracaso de tu mente. Te dejo una sección de *"Meditaciones de un adicto a la pornografía"* de Gulliaco (puedes encontrar este texto completo en la sección de recursos, al final del libro):

Ya que la pornografía no te ofrece ningún beneficio, es algo que solo te lastima, y es extremadamente ridículo querer hacer algo así. Lo comparo con el deseo de beber cloro. Así va la cosa:

El gran esfuerzo que conlleva no beber cloro: ¡Hola! Somos *NoBleach* y organizamos desafíos en los que los participantes (*"Los Cloronautas"*) se abstienen de beber cloro durante un período de tiempo. Ya sea que tu objetivo sea participar de forma casual en un desafío mensual para probar tu autocontrol, o si el consumo excesivo de cloro se haya vuelto problemático en tu vida y desees dejarlo durante un período de tiempo más largo, encontrarás una comunidad de apoyo y una cantidad extensa de recursos aquí.

- *"A veces me permito beber uno o dos vasos de cloro. Sé que lo de tener 'una sola gota' es una mentira, pero no creo que un* vaso me haga daño. Uno solo no puede destruir todas las horas que he pasado sin tomar cloro".

- "No tengo problemas para dejar de beber cloro, pero a veces voy por la calle y veo a alguien bebiendo agua, ya sabes, en un vaso, e imagino que el vaso tiene cloro. Entonces se me antoja y, después de debatir conmigo mismo sobre si debería hacerlo o no, finalmente cedo por la noche y bebo un vaso".

- "Mira, mi problema es que a veces, cuando estoy solo en mi cocina, empiezo a ver los vasos, y a veces me tiento a mí mismo abriendo el cajón donde guardo el cloro, a veces lo huelo y... bueno, termino justo donde empecé. Estoy tan desesperado por detener esto, pero no estoy seguro de si alguna vez podré parar".

- "Dejar de beber cloro es imposible para mí. Quiero decir, siempre tengo mi boca encima, ¿sabes? ¿Cómo se supone que deba parar si siempre tengo una garganta que me recuerda que puedo tragar cloro?"

- "Hombre, iba tan bien, 19 días enteros sin beberlo. ¡Lo importante es aprender del fracaso! Ahora sé qué debo evitar: mirar productos de limpieza en el supermercado. ¡Intentaré hacerlo por un mes entero! Voy a restablecer mi contador. ¡Deséenme suerte!"

Si tienes deseo por beber cloro, ¡cálmate, bro! Recuerda lo que dice el hackbook:

"Es difícil dejar de beber cloro por miedo de que nos estaremos privando de nuestro placer o apoyo. El temor de que ciertas situaciones agradables nunca volverán a ser las mismas. El miedo a no poder hacer frente a situaciones estresantes. En otras palabras, los efectos del lavado de cerebro nos engañan, haciéndonos creer que comprar cloro, y por extensión beberlo, *es una necesidad para todos los seres humanos. Peor aún, es la creencia de que necesitamos cloro asequible inherentemente, y que cuando dejemos de beberlo nos estaremos negando un placer a nosotros mismos, y crearemos un vacío. Déjalo claro en tu mente: ¡el cloro no llena un vacío, lo crea!"*

Es aquí donde me digo a mí mismo: *"Supongamos que estás obligado a ver un vaso lleno de cloro, durante cinco minutos. Trata de recordar una de esas marcas u olores que tanto te gustaban. Tal vez este recuerdo esté acompañado por algún sonido, o quizá solo recuerdes detalles específicos. El cloro está ahí, y no puedes cerrar los ojos ni girar la cabeza, porque el cloro no solo está frente a tus ojos: ahora está en tu mente también, es un recuerdo registrado en tu cabeza. ¿No se te antojó un poco de cloro? ¿Sientes algún sabor en tu lengua o algún cambio en tu respiración? ¿Qué es lo que sientes al recordarlo? Identifica esos sentimientos, porque el cloro quiere nublarlos, hacerlos confusos y hacer que solo prestes atención a lo que quiere atraparte".*

Con lo anterior, no trato de hacer un lado tus sentimientos, mucho menos de decir algo como *"jaja, yo listo, tú tonto"*, sino de darte perspectiva, para que te des cuenta de lo ridículamente fácil que es (y lo ridículamente fácil que siempre será) superar esta adicción. Ver pornografía no es como un interruptor de encendido/apagado donde dices *"oh, bueno, estoy en X situación, voy a ver porno"*. ¡Eso es una fantasía! ¡Una mentira! ¿Con qué frecuencia te permites beber UN solo vaso de cloro? ¿Nunca? ¿Y por qué? ¡Porque es algo horrible, por eso no bebes cloro! ¿Cómo se supone que escaparás de tu adicción si no te das cuenta de que el ciclo de PMO es algo horrible para ti mismo?

31.5 ¿Y qué hay con el ciclo de MO (masturbación y orgasmo)?

La gente ha estado masturbándose por eones sin ningún problema. Y para que quede claro, el porno es el problema.

Sin embargo, todavía puedes engancharte al MO por las mismas razones que con el porno. Por poner un ejemplo, cierta parte del lavado de cerebro que se obtiene con la masturbación es la de tener la mentalidad de *"el orgasmo es una necesidad inherentemente humana"*. El lavado de cerebro va desde la fantasía sexual, querer forzarte a tener relaciones sexuales o simplemente buscar placer hedonista.

Además, es extremadamente probable que la pornografía y la masturbación se hayan entrelazado profundamente en tu mente. Muchos usuarios descubren que terminan recayendo como resultado de masturbarse con fantasías inducidas por el porno. Y a medida que su cerebro se empieza a recablearse, descubren que este lavado de cerebro eventualmente desaparece. Por lo que lo mejor es tomarse un descanso del ciclo de MO por un tiempo. También deberías buscar sexo real si quieres acelerar este proceso.

Esto no es una instrucción, pero te pido que la evalúes. Por otro lado, ya se han reportado muchos beneficios sobre la retención de semen, los cuales son numerosos: obtienes una mayor concentración y energía, hay una eliminación de la "niebla mental" y hay un incremento en la confianza propia, junto con otra gran cantidad de múltiples beneficios. Por experiencia propia, puedo decirte que hay una clara diferencia, y todo se debe a cómo se transmuta esta energía acumulada.

Esta reflexión nace de la especulación, y a pesar de no tener un estricto conocimiento científico, puedo decirte que los beneficios podrían reducirse a un par de factores diferentes:

- Después del orgasmo, el cerebro libera prolactina, químico que inhibe la liberación adicional de dopamina.

- Privar a tu cerebro de la constante liberación de dopamina permite que tengas una mayor absorción de esta, al simplemente vivir tu vida.

- El semen es reabsorbido por el torrente sanguíneo después de ~78 días, y es uno de los mejores nutrientes que tu cuerpo puede obtener.

- Transmutando la energía sexual en hábitos productivos trae consigo una capa adicional de productividad.

Puede que también desees tener relaciones sexuales sin llegar a un orgasmo, como ya te he mencionado, lo cual es una experiencia sexual maravillosa. Puedes fortalecer tu capacidad de retención con ejercicios de Kegel. Por experiencia personal, puedo decirte que la forma más fácil y efectiva de ejercitar la próstata es deteniendo la orina a mitad de la micción. Además, la separación de las partes tántricas y propagativas del sexo resulta ser una de las muchas ventajas de escapar de la trampa del PMO (¡cosa que a mis parejas también les ha encantado!).

31.6 Desviaciones del aconseja miento estándar

Esta sección es nueva y está escrita de manera algo aprensiva; aun así, debe ser mencionada.

Algunas personas que utilizaron EasyPeasy se dieron cuenta de que su deseo de ver porno se redujo tanto que no pudieron tener una sesión final. **Eso está bien**, pero no subestimes el poder de tener una. Navegar conscientemente y solidificar lo poco que te agrada el PMO puede ser una herramienta realmente poderosa. Personalmente, lo encontré realmente útil y estaba feliz de lavarme las manos al finalizar esa sesión genuinamente aliviado de no tener que hacerlo nunca más. Sin embargo, puede que tu experiencia varíe.

Así que, si ya has estado libre de la trampa durante un buen tiempo y acabas de remover el lavado de cerebro, no hay necesidad de alimentar al pequeño monstruo entonces, ya que podría molestarte. ¡Disfruta de la libertad en su lugar!

31.7 Ayuda a poner fin a este escándalo

La pornografía en internet es uno de los peligros de la sociedad libre. Es algo seguro que la base de la civilización — la razón por la que la especie humana ha avanzado hasta ahora — está fundamentada en el hecho de que somos capaces de comunicar nuestros conocimientos y experiencias, no solo entre nosotros, sino con las generaciones futuras. Incluso a los animales les resulta necesario advertir a sus hijos de las trampas de la vida.

Los productores de pornografía no están haciendo esto de buena fe, creyendo genuinamente que ayudan a la humanidad, especialmente ahora que la adicción al porno en internet está ampliamente estudiada. Quizás en sus etapas iniciales la gente creía genuinamente que el porno educaba a la gente sobre la intimidad, pero las autoridades saben que eso es una falacia. Ningún harem en línea tiene realmente la misión de educar. Todo lo que investigan a fondo es la cualidad de shock, novedad y escalación que tienen sus productos.

¡Este aspecto de la sociedad es absurdamente hipócrita! Nos preocupamos por aspectos sociales como el bullying escolar y la objetificación del cuerpo. *Ah, pero ver porno no tiene nada de malo, los problemas que resultan de él son minúsculos.* Hay una cantidad inmensa de adictos que escalan a nuevas alturas cada año, pasando mucho más tiempo de calidad con imaginarias e ilusorias personas hechas de píxeles a expensas de su salud, virilidad, energía y tiempo. El porno es por mucho, el mayor asesino de relaciones. Cientos de miles de vidas se arruinan cada año gracias a que se enganchan con él. Y los productores de pornografía en internet ni siquiera se preocupan por anunciar sus productos en las redes sociales mainstream — ni siquiera lo necesitan. Son nuestros impulsos biológicos los que nos llevan a los umbrales de sus bien surtidos harems, quienes dan muestras gratis a diestra y siniestra en los rincones de internet, tal como lo hacen los traficantes de droga.

Ah, pero qué astucia la de las compañías pornográficas, quienes etiquetan su contenido con un sticker de *"para mayores de 18 años"* como elemento disuasorio para los usuarios menores de edad. Y eso que hay algunas páginas que ni siquiera se molestan en ponerlo. El porno en internet afecta **a todos y a todas las edades**. *"Te advertimos del peligro, tú decides"*. Es la actitud que toman. ¿Pero acaso toman alguna medida para verificar la edad del usuario? No, porque eso desalentaría a sus clientes. Aunque claro, de legislarse la verificación de edad, estas compañías buscarían otro país desde el cual operar. ¿O acaso pagarán a la "élite" para escribir artículos sobre cómo la prohibición de la pornografía resultará en el contrabando ilegal y la creación de una mafia pornográfica? Da igual, porque la cuestión es convenientemente olvidada. Todos sabemos que la prohibición del alcohol no resultó en la reducción de las víctimas relacionadas con la bebida, así como del fracaso de las fuerzas del orden para controlar el crecimiento de la mafia.

Podemos abordar esto de manera diferente, educando a la generación más joven. Si pueden caminar a través de una licorería, sin sentir necesidad de comprar cigarros o vodka, pueden hacer lo mismo con la pornografía de internet. Ya estamos viendo cambios sociales, solo mira los memes de *"No Nut November"* y *"Coomer"* que aparecen en el buscador de Google; nichos de internet que se están convirtiendo en algo *mainstream*. El usuario no tiene más opción que el adicto a la heroína. Los usuarios no deciden engancharse, son atraídos de manera sutil a la trampa. Y si tuvieran la opción, los únicos usuarios de mañana serían adolescentes que apenas comienzan, creyendo que podrían parar en cualquier momento si quisieran.

¿Por qué los estándares para el adicto al porno son tan falsos? ¿Por qué los adictos a la heroína son vistos como delincuentes, pero pueden registrarse como adictos y obtener metadona y el tratamiento médico adecuado para ayudarlos a salir de su adicción? Trata de ir con tu médico, dile que te dé una prescripción para tratar con la adicción al porno, y lo más probable es que te diga: *"deja de hacerlo tanto, trata de moderarte"*, cosa que ya sabes que no funcionará. Puede que hasta te receten medicamentos para abordar tu "depresión". Y peor aún, puede que te aconsejen buscar una pareja real. ¿En serio? ¿Conocerán de algún usuario que usa pornografía a escondidas de su pareja? Algunas personas simplemente no lo entienden.

Las campañas de miedo no ayudan a los usuarios a detenerse tampoco, lo hacen más difícil. Todo lo que hacen es asustar a los usuarios, lo que les hace querer ver aún más pornografía. Resulta que también ayudan a evitar que los adolescentes se enganchen. Pero a pesar de que los adolescentes saben que el porno debilita su libido, también saben que una *miradita no hará que se enganchen*. Y debido a que la adicción es un aspecto prevalente en los más jóvenes (ya que son bombardeados sexualmente hasta en la sopa), tarde o temprano el adolescente — ya sea por presión social o curiosidad — dará solo una visita a un harem. Recuerda que el porno gratis suele ser horrible, por lo que es probable que se enganchen a la primera.

¿Por qué permitimos que continúe este escándalo? ¿Por qué los gobiernos no incitan campañas adecuadas? ¿Por qué no se nos dice en la escuela que el porno en internet es una droga y un veneno asesino, que no te relaja ni te da confianza, sino que destruye tus nervios, a la vuelta de una sola miradita? ¿Por qué no pueden hacer cumplir la verificación de edad solicitando tarjetas de crédito registradas, tal vez a través de un programa de terceros? Mindgeek, propietario de muchos de los principales sitios pornográficos, está intentando estafar a los gobiernos para que usen su propia solución patentada de verificación de edad, ¡pero no dejes que lo hagan! *The Time Machine* - de H. G. Well habla sobre un incidente en un futuro lejano en el que un hombre cae en un río. Sus compañeros simplemente se sientan alrededor de él en la orilla, ajenos a los gritos de desesperación. Inhumano e inquietante, al igual que la apatía general de la sociedad hacia la crisis pornográfica.

Hay una luz de esperanza emergiendo en la sociedad. Una bola de nieve ha comenzado a rodar cuesta abajo y se espera que este libro ayude a convertirlo en una avalancha. Tú también puedes ayudar difundiendo el mensaje.

Puedes empezar de esta forma: si ves a alguien luchando con toda su fuerza de voluntad o alguien con la intención de dejar el porno, acércalo amablemente hacia este método. Sin embargo, recuerda que la verdadera tarea en cuestión es cambiar la narrativa en torno a la pornografía en general. Por favor, considera hacerte al hábito de educar a las personas que conozcas, ya sea que veas a alguien normalizando la pornografía en la vida real, o en línea.

Puede que obtengas una reacción negativa, pero a veces solo basta con que hagas un comentario. Como muchos antes que tú, puede que llegues a recibir mensajes sorpresa de algunas personas, gratas de haberse librado de la trampa gracias a tu comentario.

31.8 *Última advertencia*

Ahora puedes disfrutar del resto de tu vida como un no-usuario feliz. Y para asegurarte de que así sea, solo debes seguir estas sencillas instrucciones:

- Guarda la siguiente página en tus marcadores, o guarda el libro en tu biblioteca, e ingresa a estos recursos tanto como necesites.

- Si alguna vez empiezas a envidiar a un usuario, recuerda que son ellos los que te envidian. Tú no estás siendo privado de nada, ellos sí.

- Recuerda que no disfrutaste de ser un usuario. Por eso te detuviste. Te gusta no ser un usuario. Recuerda, no hay tal cosa como *una sola miradita*.

- Nunca dudes de tu decisión de nunca volver a ver porno. Sabes qué es lo correcto.

- Si tiene alguna dificultad, encuentra y ponte en contacto con un terapeuta especializado en adicción pornográfica. Puedes encontrar alguno de estos en línea.

32 Las instrucciones

- Sigue todas las instrucciones.

- Mantén una mente abierta.

- Empieza tu lectura con entusiasmo.

- Ignora todo consejo e influencia que entre en conflicto con lo que EasyPeasy te propone.

- Resiste cualquier 'dosis temporal'. No existen las ocasiones especiales.

- Hazlo claro en tu mente: el porno no te proporciona nada, no es un placer ni un apoyo, y al dejarlo no estás haciendo un sacrificio. No hay nada a lo que renunciar y no hay razón por la que debas sentirte privado.

- ¡No esperes a poder dejarlo, hazlo ahora!

- Toma la decisión de que nunca volverás a ver pornografía y nunca cuestiones dicha decisión.

- Recuerda que no existe tal cosa como 'solo una miradita'. El porno es una acción en cadena, y una cadena de por vida.

- No vuelvas a ver porno, nunca más.

32.1 Afirmaciones

- Soy libre de la esclavitud que la pornografía me impone.

- Es ridículamente fácil ignorar mis pensamientos sobre la pornografía.

- Hasta nunca, pensamientos intrusivos. Hasta nunca, deseos por masturbarme. Vaya, por allá van mis ganas de querer ver porno.

- Concentro mi mente subconsciente en vencer mi adicción al porno.

- La pornografía roba mi tiempo, mi energía y mi vitalidad.

- Vencer la pornografía se pone exponencialmente más fácil cada día, y en cada aspecto.

- Disfruto y valoro mi fuerte, ligero y feliz estilo de vida libre de porno.

- Si miro hacia atrás y pienso sobre mi progreso, me da demasiada alegría y me hace sentir orgulloso de mi mismo.

- Cada que veo a un usuario de pornografía me siento más motivado a verme a mí mismo romper la cadena del PMO.

- Toda esa energía reprimida en mí ahora está sanando mi cuerpo y mente. Y ahora puedo trabajar de manera más productiva y retarme a hacer cosas que me acerquen a mis valores y metas.

- Mi cerebro está regresando a su forma correcta y sana, cosa que se ejercita al no hacer lo que hacía previamente.

- Ahora, toda esa fuerza de voluntad que vivía reprimida en mí está siendo utilizada para lidiar con los leves estreses y jalones de la vida.

- ¡Genial! Ya no soy un esclavo. ¡Soy libre!

33 El final de este libro

Gracias por leer; como sabes, me llena de verdadera alegría saber que has encontrado tu libertad. Sueño con un mundo en el que no tuvieras que hacer esto. Un mundo en el que hubieras comenzado a cuestionar el uso de la pornografía antes de descubrirla, un mundo en el que hubieras notado los efectos que te enseñaron en la escuela.

Bienvenido al final del libro, me alegra que estés aquí. Primero, ¡felicitaciones por dejarlo! Te darás cuenta de que la vida se vuelve aún más hermosa sin pornografía, y que, al dejarla, tus ojos se abren a las muchas formas en las que la vida puede ser maravillosa. Eres una parte importante del mundo, y ahora es el único momento que existe. Para resumir muchas enseñanzas espirituales: puedes causarte mucho sufrimiento al no aceptar el momento presente y desear algo diferente.

Está bien y es saludable tener metas y trabajar hacia ellas, pero no deberías buscar tu valor personal fuera de ti mismo ni dejarte definir por un pasado imaginado o por un futuro incierto. Así que, sé consciente y atento al ahora, porque este es el único lugar que es real.

Como ejemplo de esto, y como ejercicio durante el proceso de desintoxicación, pronto experimentarás otro "momento de revelación" (o de entendimiento) en el que tendrás un pensamiento "deseoso" sobre la pornografía, lo reconocerás como un pensamiento causado por la pornografía, y sentirás la felicidad de haber sido liberado de ese pensamiento que "eras tú".

Puedes hacer esto con cualquier pensamiento que tengas, como negatividad, o preocuparte por el pasado o el futuro, o incluso esos momentos en los que te sientes increíble. Puedes disfrutar aún más de esos pensamientos sin que tu mente se apodere de ti con insatisfacción. Por ejemplo, podrías estar en una playa tropical, con las olas suavemente rompiendo, mientras escuchas música tranquila y disfrutas de la puesta de sol, pero aún así sentirte desesperado por tus pensamientos. Incluso ahora, mientras lees esto, puedes ser consciente de tu cuerpo descansando en el espacio, de los sonidos a tu alrededor y de la luz que te rodea, y darte cuenta de que esto es todo. Nada de afuera puede agregar nada a la serenidad que ya posees. No te defines por la pornografía ni por nada más, a menos que te pongas tú mismo en esa situación con tus pensamientos.

La conciencia es lo más importante que puedo transmitirte, y EasyPeasy simplemente te da conciencia sobre la pornografía y te pregunta si realmente disfrutas de ella; así, la pura conciencia te dará las respuestas a cualquier otro problema con el que te encuentres. Sé que todo esto puede sonar un poco "abstracto", pero realmente es importante, porque todos los problemas que escucho de las personas (también con EasyPeasy) provienen de no reconocer sus propios pensamientos. Las pequeñas y grandes cosas te estresan cuando las haces personales, o con EasyPeasy, luchando contra las infinitas razones que tu mente inventará para seguir usando pornografía, y muchas de esas razones pueden ser muy poderosas, en lugar de comprender que solo tienes que soltar la cuerda.

De hecho, todos los problemas con los que lidiamos son eso mismo: no prestar atención y no aceptar el momento presente. Tal vez no lo prefieras, pero aceptarlo completamente es el único camino hacia adelante.

De todos modos, el libro está siendo reescrito para darte esta comprensión, ya que EasyPeasy trata de contrarrestar el lavado de cerebro contándote por qué no disfrutas de la pornografía, en lugar de tener una conversación y permitirte llegar por ti mismo a esa comprensión. Estoy trabajando en ello y espero seguir hablando sobre esto en el futuro, pero mientras tanto, tenía que agregar esta parte (menos elegantemente escrita).

Así que, sobre la masturbación: simplemente acepta la belleza de la energía sexual natural de tu cuerpo, y deja que circule y se expanda por todo tu ser.

¿Y ahora qué?

No deberías cambiar tu vida solo porque hayas dejado la pornografía. Por ejemplo, podrías imaginarte a alguien escondiendo su computadora a propósito para evitar la pornografía por miedo. Pero te darás cuenta de que soltar algo que solo te frenaba y obtener felicidad, calma, atención y libertad de la esclavitud puede ayudarte a crear una vida mejor, una vida que te encante.

Compartir EasyPeasy en todas partes

Una de las cosas que hace a las comunidades mejores es la libertad de adicciones. Si quieres ayudar a difundir EasyPeasy, puedes hacerlo en tu entorno de las siguientes maneras:

- Organiza un grupo de apoyo temporal. Consulta el archivo adjunto para ideas.
- Envía una carta personal a tus comunidades locales. Para más información: https://quiteasily.org/help.html
- Imprime carteles y distribúyelos en tu área. Más información en https://quiteasily.org/local.html

También puedes crear conversaciones en línea, y deberías reflexionar sobre todas las personas que son directa e indirectamente afectadas por la pornografía y pensar en cómo puedes llegar a ellas. No olvides que el impacto local es el más tangible, y que ver el impacto real es lo que mejor funciona.

También puedes visitar https://quiteasily.org/help para conocer otras campañas centradas en conversaciones, enlaces de donación para https://peacefulfoundation.org, y otras formas en las que puedes contribuir a cambiar el mundo. En realidad, se trata de pensar en dónde se encuentran las personas afectadas por la pornografía (es decir, todos), y cómo puedes llegar a ellas.

¡Fantasía!

La pornografía elimina la fantasía, guiándote mecánicamente hacia un orgasmo a través de fetiches condicionados, que aumentan a medida que te vuelves insensible. Dejarlo generará muchas preguntas sobre tu sexualidad, pero debes entender que estos fetiches condicionados no son tu verdadero ser y que nunca lo serán. Un "gooner" que ve pornografía extrema y un usuario ocasional que observa imágenes estáticas softcore son más parecidos que diferentes. Ahora, descansa, desarrolla pureza y amor, y estas preguntas se resolverán por sí solas con el tiempo. Para más apoyo, puedes visitar https://semenretention.org.

Eliminar la fantasía tiene muchas implicaciones sociales. No puedes soñar con un futuro mejor; estás atrapado en fantasías que viven dentro del sistema actual. Te venden sueños en lugar de que los sueñes tú mismo, y ves proyecciones de los sueños de otros para racionalizar tu propia indiferencia. Puedes encontrarme en:

- https://instagram.com/deleteinstaplease
- https://tiktok.com/@peacefulfraser
- https://youtube.com/@fraserpattersonau
  o como ~racnec-palren/hello en Urbit

Leeré tus mensajes. Bienvenido al resto de tu vida.

Con cariño,

Fraser Patterson

Recursos

NOTA: Muchos de estos recursos (como ya hemos mencionado) están en el idioma inglés. Considera que todavía no tienen una traducción. (Estamos trabajando en ello.)

- "Meditaciones de un adicto a la pornografía" - *Gulliaco*

- "Lista de Afirmaciones de *'EasyPeasy'*" - *SWATxKATS* //Por desgracia, parece que este recurso ha sido borrado.

- "9 minutos de meditación" - Sam Harris

- "Escapando de la Modernidad" - *Meta Nomad*

Carta que (yo, *Hackauthors*[2]) enviaré a las escuelas *Freedom Forever* | Notas para aquellos que siguen recayendo en su adicción al porno | "¿Por qué estás recayendo?" - Por *u/Different_Guide_5205* en **old.reddit.com** | "Contrarrestando el miedo" - Por *u/Different_Guide_5205* en **old.reddit.com**

Afirmaciones para lidiar con tu adicción, basadas en el modelo de la TREC (Terapia Racional Emotiva Conductual)

- *"Puedo dejar de ver porno, a pesar de lo complicado que parece. ¡No es tan difícil, y no importa lo que me cueste, vale totalmente la pena!"*

- *"Si sigo ignorando mis ganas de ver porno, y les dejo de dar importancia, cada día se volverá más fácil resistirlas."*

- *"Puedo aceptarme a mí mismo de manera completa e incondicional — si, a pesar de todas mis fallas y defectos."*

- *"A veces parece que ver porno en verdad 'cura' todos mis problemas, pero la realidad es que los empeora."*

- *"Hay veces en las que me encantaría ahogar mis problemas con pornografía, pero mis problemas nunca han sido una razón coherente para hacerlo."*

- *"Se siente incómodo no obtener lo que quiero cuando lo deseo. Pero no parece ser tan terrible si escojo no creer que necesito de ello, y en vez de eso, decido creer en algo más realista, y que me sea de ayuda."*

- *"No me gusta que me traten mal, pero estoy bastante seguro de que puedo tolerarlo, y hasta puedo conspirar a mi favor, en orden para detener ese maltrato."*

- *"No importa cuántas veces fallé en esta importante búsqueda, el hecho de que falle no me convierte en una persona incompetente. Solo me hace una persona que quizás haya actuado incompetentemente en su momento."*

- *"No necesito, en lo absoluto, de lo que deseo, y aunque aun así puedo ser razonablemente feliz si lo obtengo, no seré tan feliz como cuando no lo obtengo."*

- *"Me inclino fuertemente a ser una persona sobresaliente en mi trabajo, aunque no necesito serlo. Es una pena si no lo soy, pero eso tampoco me hará inferior. Siempre puedo intentar ser mejor, aun sin la necesidad de serlo."*

- *"Hay muchas cosas que me pueden hacer sentir mal o decepcionado de mí mismo, pero de comandar a estas cosas que desaparezcan, solo crearé pánico, depresión e ira en mí."*

- *"Es cierto, hubo varias veces en las que fallé las promesas que me hice, pero eso no significa que no pueda cumplir esta promesa."*

- *"Detesto con todo mi ser el sufrir de ansiedad o depresión, pero no necesito disolver estos sentimientos con pornografía. Cuando lo hago, me siento temporalmente libre de mis problemas, pero mis emociones no desaparecen. A la larga, el porno solo empeora mi estado."*

- *"La gente no me hace enojar cuando me trata mal, yo escojo ciegamente el enojarme por su mal trato, pensando que merezco que se comporten mejor conmigo."*

Combinando el método 'EasyPeasy' con la Técnica de Reconocimiento de la Voz Adictiva de Jack Trimpey (TRVA)

Créditos para az#8773, quien lo propuso en Discord.

Este apartado es para las personas que están encontrando dificultades con el método para recuperarse de cualquier adicción de Allen Carr, a pesar de que removieron todo el lavado de cerebro. Asumiré que todos aquellos que estén leyendo esto han leído algún libro de Allen Carr y han entendido su método 'EasyWay' (EasyPeasy). Si no lo han hecho, les recomiendo fuertemente que lo hagan. También les será de ayuda leer el libro *'Rational Recovery'* de Jack Trimpey. Si no lo has leído, no hay problema, ya que voy a cubrir todo lo básico acerca de este libro aquí, aunque si recomiendo que lo lean ya que entra más a detalle sobre lo que expondré. Esto no está destinado a lidiar con una adicción en particular, por lo que tiene aplicación en cualquier tipo de adicción. El propósito de este escrito es el de comparar el 'EasyWay' con otro exitoso método para lidiar las adicciones que se conoce como *'Técnica de Reconocimiento de la Voz Adictiva'* (TRVA), y de combinar los dos métodos. A pesar de que confío en que el EasyWay es superior a cualquier otra técnica de adicción hasta ahora, creo que entender también la TRVA puede ser el eslabón perdido para muchos de los que fallaron al usar el EasyWay, a pesar de que lograron matar al "Gran Monstruo".

Hay muchos métodos para erradicar la adicción que compiten entre sí, los cuales varían en su tasa de éxito. No mencionaré ninguno de estos métodos, ya que muchos son una pérdida de tiempo, y quiero mantener esto lo más corto posible. Los únicos métodos que explicaré aquí son el EasyWay de Allen Carr y la TRVA de Jack Trimpey (el fundador de *Rational Recovery*). Ambos métodos tienen una tasa de éxito extremadamente grande, pero cada uno apunta a una cosa diferente. El EasyWay y la TRVA son similares en el hecho de que el EasyWay separa la adicción en el "Pequeño Monstruo" y en el "Gran Monstruo", y la TRVA separa la mente en la "Voz Adictiva" (la bestia) y en el "Tú". La voz adictiva y el pequeño monstruo son lo mismo, y el gran monstruo (el lavado de cerebro) es ese sistema de creencias que mantienes, el cual te hace creer a su vez que el porno te da cierto beneficio, o que es un apoyo. EasyWay se enfoca en eliminar el gran monstruo sin tener en cuenta (momentáneamente) al pequeño monstruo, mientras que la TRVA se enfoca en el pequeño monstruo, sin tomar en cuenta al gran monstruo. Mientras que EasyWay destruye la adicción psicológica, la TRVA te enseña a reconocer la adicción física que se enmascara como "Tú", y te separa de ella. Me resulta interesante encontrar el hecho de que la TRVA y el EasyWay tienen tasas de éxito altísimas, a pesar de enfocarse en dos cosas diferentes.

Aunque creo que el EasyWay es superior a cualquier otro método para recuperarte de cualquier adicción hasta ahora, y a pesar de que lo recomiendo sobre todas las cosas, puedo encontrar dos fallas en este método. Primero, encuentro que subestima al pequeño monstruo. Quiero evitar tocar experiencias personales aquí, pero en mi experiencia y en la experiencia de otros, parece que muchos de nosotros fallamos con el EasyWay no porque hayamos fallado en eliminar por completo al gran monstruo (a pesar de que esto sí se puede lograr, y a pesar de que sí sucede) sino porque subestimamos al pequeño monstruo. El pequeño monstruo no resulta ser un problema para muchos, lo cual explica las altas tasas de éxito, pero para algunos, incluyéndome, puede resultar lo contrario. La segunda falla que encontré es que el EasyWay dice que todas las derrotas con ese método resultan de, o no seguir las instrucciones, o de no remover el gran monstruo.

Todas las esenciales bases del EasyWay son estas: la adicción tiene dos componentes, la adicción física por dopamina, y la adicción psicológica compuesta de creencias (el lavado de cerebro) que dictan que tu adicción te da cierto placer o apoyo. Estas son llamadas el pequeño monstruo y el gran monstruo, respectivamente. De acuerdo con EasyWay, el pequeño monstruo no es nada más que un medianamente inseguro sentimiento de vacío, el cual es casi imperceptible. Una vez que has matado al gran monstruo al deshacer el lavado de cerebro, aprendiendo a su vez que tu adicción no te da beneficio alguno, él cómo cualquier beneficio o apoyo que percibas de él es meramente una ilusión, y lo importante que es entender que no hay que tener miedo a una vida sin tu adicción, los deseos por ver porno desaparecen. Estos deseos provienen del miedo que sientes por pensar que sin tu 'apoyo', la vida será insoportable, lo cual hace que dudes tu decisión de abandonarlo; estos son tus deseos por ver porno. Sobrepasas ese miedo al darte cuenta de lo disfrutable que será tu vida sin tu adicción, además de mantener ese sentimiento de exaltación.

A pesar de que creo que este es el mejor método para recuperarse de cualquier adicción, no le da énfasis al pequeño monstruo ya que, en teoría, una vez que te deshaces del gran monstruo, el débil pequeño monstruo se irá desvaneciendo, y morirá por su cuenta, además de que este proceso es imperceptible así que, ¿a quién le importa? El pequeño monstruo quizá sea insignificante para muchas personas, pero en mi experiencia y la de otros parece ser que el caso no es así. Cuando estas personas fallan con el EasyWay, de acuerdo al mismo método, solo hay dos razones posibles, o no seguiste las instrucciones adecuadamente o no removiste al gran monstruo. Creo que esto es perjudicial, y explicaré esto más adelante.

La Técnica de Reconocimiento de la Voz Adictiva (TRVA) separa al cerebro en dos partes, la parte baja del cerebro (el sistema límbico) donde reside tu adicción, y la parte alta del cerebro (la corteza prefrontal) donde el "Tú" (o al menos, tus pensamientos y tu ego) reside. Jack Trimpey se refiere a la voz adictiva como *la bestia* porque reside en la parte *'animal'* de tu cerebro y porque conoce solo una cosa: **"LO QUIERO, Y LO QUIERO AHORA"**. No encuentro adecuado el personificar estos pensamientos como *la bestia*, pero supongo que es mucho mejor que creer que eres tú el que dice esas cosas. La voz adictiva (VA, o el pequeño monstruo) va a secuestrar a tu voz-cerebral y la usará para hacer que te induzcas en tu adicción. Tiene que hacerlo porque no puede controlar tus funciones motoras por sí sola. Puedes comprobarlo ahora. Pon tu mano en la frente y mueve tus dedos. Ahora, dile a tu adicción que haga lo mismo. No puede hacerlo. Lo cual significa que tú eres el que está en control ahora.

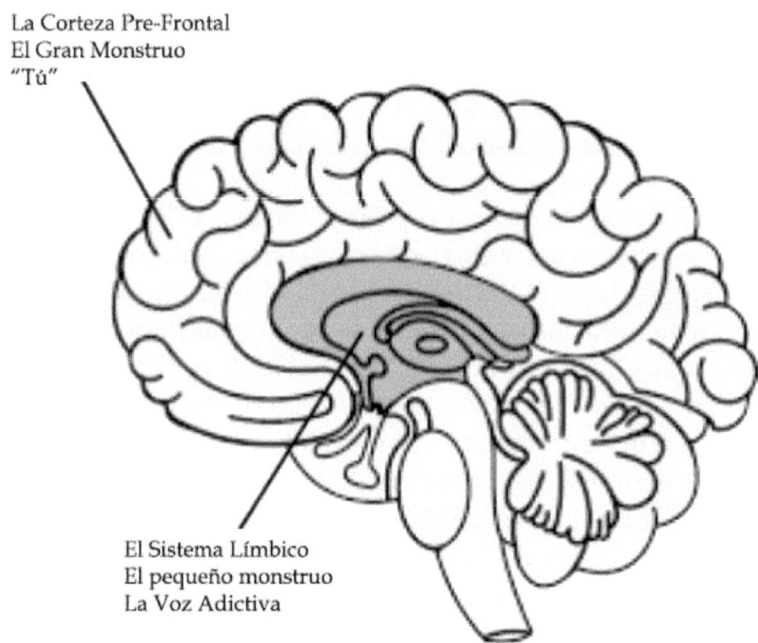

La Corteza Pre-Frontal
El Gran Monstruo
"Tú"

El Sistema Límbico
El pequeño monstruo
La Voz Adictiva

La VA no solo secuestra tu voz-cerebral, sino que también se esconde de forma engañosa bajo el pronombre de "Yo". La VA dice *"Podría estar haciendo X cosa justo ahora." "Cómo extraño hacer X cosa". "¿No sería genial si hiciera X cosa? Total, me lo merezco."* La TRVA enfatiza el hecho de que TÚ no eres tu voz adictiva, y que solo crees que lo eres. Cuando reconoces que la VA no eres tú, y le dices que no, deja de usar el "YO" y empieza a usar el "TÚ", o el "NOSOTROS". Esto comprueba que al final del día, tú no eres tu voz adictiva.

Cuando le dices que 'no' a la VA, esto ocurre: *"Podría estar haciendo X cosa justo ahora"* se convierte en *"Vamos, claro que podrías estar haciendo X cosa ahora, y lo sabes".* *"Cómo extraño hacer X cosa"* se convierte en *"Oh, por favor, definitivamente extrañas hacer X cosa, ¿acaso no lo sientes?".* *"¿No sería genial si hiciera X cosa? Total, me lo merezco"* se convierte en

"Nos merecemos hacer X cosa ahora, después de todo lo que hemos pasado, ¿cómo nos puedes negar esto?"

Tengo que aclarar algo en este punto. Este proceso no es el *'juego de jalar la cuerda'* al que se refiere Allen Carr. El 'juego de jalar la cuerda' es solo disonancia cognitiva, que es cuando tienes dos o más sistemas de creencias conflictuándose entre sí, lo cual es el resultado de no matar al gran monstruo. *"No quiero hacer X cosa realmente, ya que el hacerlo traerá este efecto negativo hacía mí. Pero el no hacerlo también me inclina más a ello, por lo que al final, sí quiero hacer X cosa."* Este es el juego de jalar la cuerda, y es producto del gran monstruo. Una vez que el gran monstruo es derrotado al remover el lavado de cerebro, la única voz que te dirá que hagas uso de tu adicción vendrá del pequeño monstruo (tu VA). Y ya que la VA usa el "Yo", confundir tu VA con el gran monstruo se vuelve algo común.

Es importante señalar también que la VA es un gran mentiroso. Lo único que concierne a la VA es conseguir dopamina, a cualquier costo. Tu VA intentará convencerte para que te pongas en situaciones potencialmente peligrosas si con eso consigues un poco de dopamina.

Dije con anterioridad *"Cuando las personas encuentran dificultades con el EasyWay, según el mismo método, solo hay dos posibles razones, o no siguieron las instrucciones correctamente, o no pudieron remover al gran monstruo. Creo que esto es perjudicial, pero explicaré esto más adelante."* En verdad, confío en que es perjudicial ya que, el no reconocer mi VA me ha llevado a mí y a muchos otros que hicieron uso del EasyWay a creer erróneamente que no hemos matado al gran monstruo en su entereza, por lo que releemos el libro para tratar de matar al gran monstruo de nuevo, a pesar de que ya lo hemos hecho. Fallar en reconocer tu VA, combinado con la creencia de que 'si has fallado con el EasyWay es porque no has matado al gran monstruo' solo hará que enfoques todos tus esfuerzos en el gran monstruo de nuevo, aun cuando ya lo has derrotado. Quizá termines en un ciclo de relecturas de todos los libros de

Allen Carr, perdurando un poco más en cada uno de tus intentos solo para volver a recaer más tarde.

Cuando ya has eliminado el lavado de cerebro y removido el gran monstruo, la VA dice algo como *"Quiero hacer X cosa, pero eso solo me hará X cosa"*, por lo que uno puede llegar a pensar en algo como: *"Sé que eso es totalmente cierto, ¿así que, por qué creo que no lo es? Es porque he fallado en eliminar el lavado de cerebro."* Cuando la verdad es que ya has eliminado el lavado de cerebro, evidenciado por el hecho de que sabes más de lo que tu VA te dice — es solo que piensas que la VA eres tú porque usa el pronombre "Yo". Reconociendo la VA y forzándola a revelarse a sí misma al cambiar el "Yo" por el "Tú", o por el "nosotros" debería de confirmar el hecho de que no es el gran monstruo el que reside en ti, sino el pequeño monstruo. Si fuera el Gran Monstruo, no reemplazaría el "Yo" por el "Tú" o por el "Nosotros".

Ahora, si la VA te dice *"¿Por favor, podríamos hacer X cosa una vez más, por los viejos tiempos? ¿Solo una vez más?"* y tú le respondes con un "No", quizá sientas una respuesta emocional. Quizá sientas tristeza o miedo. Es extremadamente importante que te des cuenta de que este sentimiento no proviene enteramente de ti, sino de la VA. Si no puedes reconocer la VA, creerás que estas emociones provienen de ti, por lo que te inclinarás más a ceder ante tus impulsos. Reconoce la VA y el hecho de que las emociones provienen de ella, y no de tu persona, y consiguientemente, alégrate por ello.

Cuando combinas estos dos métodos (de ser necesario, ya que no todos parecen tener problemas con su pequeño monstruo) y mantienes un sentimiento de exaltación y felicidad cuando reconoces esta VA, ya tienes la victoria en tu bolsillo.

Organizar reuniones de apoyo

Este apartado se añadió posteriormente y no forma parte del texto original. Puede ser útil organizar reuniones de apoyo para discutir el método Easy Peasy para dejar la pornografía con personas que aún necesitan encontrar su libertad o ya la han encontrado. Esto ayuda a contrarrestar el propio "lavado de cerebro" y también ayuda a otros de esta manera. Un formato bonito para esto se puede encontrar en las reuniones de los Alcohólicos Anónimos (AA) y de los Sexólicos Anónimos (SA). Ellos tienen reuniones semanales de una hora. Durante la reunión, leen un fragmento de literatura y luego los miembros pueden compartir sus pensamientos sobre ese fragmento o sobre su proceso de liberación de la adicción. Este compartir está limitado a unos pocos minutos por persona, y no se interrumpe ni se inicia una conversación, lo que puede ocurrir después de la reunión. Al no hablar directamente, sino compartir, se crea un espacio de apertura para compartir cosas vulnerables de tu vida sin que te hagan preguntas inmediatas, lo que podría sentirse inseguro.

Puedes hacer estas reuniones de apoyo, por ejemplo, con tu grupo de foro, tus amigos, tu iglesia o conocidos. Planea, por ejemplo, 4 sesiones de una hora. Como literatura, puedes seleccionar 4 fragmentos del libro y puedes acordar que los asistentes lean ciertos capítulos previamente.

Durante la reunión, puedes usar la siguiente agenda, y el presidente debe leerla cuando toque cada punto para que todos sepan lo que está ocurriendo.

Posible formato para una reunión de apoyo de Easy Peasy:

El presidente lee en voz alta:

1. Buenas noches. Mi nombre es ...... Bienvenidos a esta reunión de apoyo de Easy Peasy para dejar la PMO (pornografía, masturbación y orgasmo).
2. Esta es una reunión para aquellos que desean dejar su fijación por la PMO. ¿Podrían todos apagar sus teléfonos móviles, por favor?
3. Vamos a tomarnos un momento de silencio y meditar (y abrirnos a Dios para obtener sabiduría).

4. (Opcional) Vamos a presentarnos, diciendo nuestro nombre y la duración de nuestra abstinencia. Yo empezaré y luego haremos un círculo. Mi nombre es ...... y he estado abstinente de la PMO desde ......

5. Esta es una reunión de apoyo basada en literatura. Vamos a leer del libro Easy Peasy, en la página .... Vamos a pasar por la mesa para que cada uno lea uno o más párrafos, hasta que hayamos leído la parte que habíamos planificado. El objetivo es ver cómo podemos aplicar lo que leemos.

6. Ahora vamos a compartir sobre lo que hemos leído o sobre nuestra abstinencia y recuperación. No interrumpimos a los demás ni nos metemos en sus comentarios. Sin embargo, puedes compartir algo en relación con lo que otro haya dicho. Limitaremos nuestras contribuciones a ... minutos, para que todos tengan la oportunidad de hablar. Mi tarea será indicar cuando el tiempo de alguien haya terminado, o intervenir si alguien se desvía del objetivo de la reunión. ¿Quién desea comenzar?...

7. Toma lo que creas que puedes usar y olvida el resto. Todo lo que escuchaste aquí se dijo en confianza. Por lo tanto, guarda todo lo que escuchaste dentro de las paredes de esta sala y dentro de los límites de tu mente.

8. (Si hay tiempo) Todavía tenemos un momento para un breve círculo de apoyo (donde puedes decir algo alentador a otro) o un círculo de gratitud, donde cada quien que lo desee tendrá la oportunidad de compartir cosas por las que esté agradecido o animar a alguien.

9. Puede ser muy útil a veces hacer una llamada si tienes síntomas de abstinencia. Quien desee puede compartir sus números de contacto para que se ayuden mutuamente a animarse por teléfono. A partir de ahora, hay espacio para conversaciones cruzadas. Gracias por tu presencia.